11.10

6.–

« RÉPONSES »
Collection dirigée par Joëlle de Gravelaine

HÉLÈNE DE LEERSNYDER

LAISSEZ-LES FAIRE DES BÊTISES

Plaidoyer pour l'enfant,
par un pédiatre d'aujourd'hui

ROBERT LAFFONT

ISBN 2-221-07901-9

Pour Agnès, Laurence et Matthieu,
qui m'ont tout appris.

Introduction

ENFANCE D'AUJOURD'HUI : ENFANCE CONVOITÉE

Si un enfant s'est égaré et ne trouve pas le fil de l'amour, prends-le par la main, sauve-le.

CARLOS SAHAGUN

Enfance, passage du temps et de l'histoire. Enfance ignorée pendant des siècles, par peur de s'attacher à cet être fragile qui résiste si mal aux affronts des maladies, des famines, des frimas.

Enfance dont quelques lignes seulement soulignent l'existence dans les livres ou les chansons, du Moyen Age au XIXe siècle.

Enfance qui peu à peu s'impose par le regard des poètes, puis fait des soldats trop jeunes, qui vont mourir sur les champs de bataille.

Enfance, copie miniature du monde des adultes, dont elle partage sans égards l'habillement, la chambre, la nourriture, le travail quotidien.

Enfance qui lentement s'ouvre à l'éducation, quelques mois seulement dans les écoles populaires qui mélangent tous les âges, quelques années dans les familles qui peuvent s'offrir un précepteur.

Enfance d'hommes, seuls porteurs du nom, transmetteurs des biens, les femmes ne recevant pas d'éducation en dehors des apprentissages domestiques.

Enfance qui doit attendre le XXe siècle pour se différencier du monde des adultes, prendre quotidiennement le chemin de l'école, être admise dans ses désirs propres, trouver une individualité tenant compte de son âge.

Enfance libérée des soucis de la vie, du poids du travail, de l'argent à gagner pour faire vivre la famille.

Enfance reconnue, acceptée, devenant partenaire.

Enfance qui tout à coup explose pour prendre la première place. Enfance qui n'a plus à lutter pour seulement vivre, et qui devient la proie de toutes les convoitises.

Convoitise des médecins qui ne veulent plus seulement la soigner, la sauver, mais entendent déjà la contrôler, surtout au moment si précieux où elle n'est encore qu'une rencontre amoureuse entre un homme et une femme.

Convoitise des médias qui voient en elle un inépuisable sujet d'articles à sensation, des enfants maltraités à la prostitution enfantine aux Philippines, à la misère à Calcutta ; multiplication des revues spécialisées dans les conseils de toutes sortes aux mères avides d'une connaissance qu'elles croient meilleure parce que écrite par d'autres.

Convoitise des multinationales de l'enfance qui trouvent là une source quasi illimitée de profit, du jouet au vêtement, du loisir à la publicité, de l'alimentation à l'hygiène, éloignant la grisaille des crises par des photos de bébés joufflus.

Convoitise des intellectuels qui entendent la former par des livres, des spectacles, des émissions de télévision ; qui rêvent ainsi de garder ou de retrouver leur âme d'enfant.

Convoitise des parents enfin, qui souhaitent réaliser à

travers leur enfant leur jeunesse disparue, leurs désirs les plus fous.

Autrefois, l'enfant apprenait rapidement à prendre ses responsabilités car, dès l'âge de 7 ans, il entrait dans le monde des adultes. Petit enfant, entouré de femmes, il n'était soumis à aucune pression, on l'aimait, on le laissait jouer sa vie d'enfant en dehors des préoccupations familiales, qu'il connaissait, qu'il entendait mais dont jamais on n'eût pu croire qu'il puisse y prendre quelque part ou s'en étonner. Au pis, il gênait, et sa mère avait hâte de le confier à des servantes ou à des nourrices et plus tard de l'envoyer dans des internats où les éducateurs prenaient le pas sur la famille, quand il n'était pas contraint de travailler pour subvenir aux besoins des siens. Au mieux, il amusait, comme l'écrivait Mme de Sévigné à propos de la future Mme de Grignan : « Je l'aime tout à fait. Je lui ai fait couper les cheveux : elle est coiffée hurluberlu, cette coiffure est faite pour elle. Son teint, sa gorge et son petit corps sont admirables. Elle fait cent petites choses, elle caresse, elle bat, elle fait le signe de croix, elle demande pardon, elle fait la révérence, elle baise la main, elle hausse les épaules, elle danse, elle flatte, elle prend le menton : enfin elle est jolie de tout point. Je m'y amuse des heures entières. »

Aujourd'hui l'enfant est prévu, programmé, observé. Tout est fait pour son bien-être, il prend la première place dans le monde des adultes qui l'entourent. Il est la justification du couple, le pivot de la famille. Objet de tous les espoirs, il doit répondre sans faiblesse à l'investissement affectif, culturel et, hélas ! financier que l'adulte projette sur lui. Dès la conception, jusqu'à la sortie de la petite enfance, il est pensé, réfléchi.

Soucieux de son équilibre physique et psychique, les adultes qui entourent l'enfant tentent de lui construire un avenir arbitraire, oubliant parfois leurs affects, leur histoire personnelle, afin qu'il ressemble au modèle préétabli des manuels de bonne conduite.

Ces dernières décennies ont donné à l'enfant une place immense ; un pouvoir démesuré repose sur ses frêles épaules. Dans une société où les familles sont éclatées, dispersées d'un bout à l'autre du pays, où les grands-parents n'ont plus de place dans la vie du jeune couple qui s'installe, l'enfant devient le centre d'une vie à trois. Par sa seule naissance, il efface d'un seul coup toute l'histoire familiale, qui se tourne définitivement vers l'avenir sans jamais regarder en arrière. Les traditions, les habitudes, l'enfance des parents eux-mêmes sont rayées de la carte. Il est transformé en vision idéale d'un enfant idéal, pour qui les parents n'ont de cesse de consommer un maximum d'idées toutes faites, de recettes de magazine, oubliant qu'ils sont plus souvent manipulés par des intérêts d'argent que par un réel souci du bien-être de l'enfant. Pris dans des organisations collectives, le petit enfant doit se conduire exactement comme ses condisciples de crainte de se voir mettre au ban d'une société qui souhaite le mouler à son image.

Paradoxe : il est magnifié dans son existence d'être unique, exceptionnel, bijou précieux dans un écrin, il est observé à la loupe dans son fonctionnement tant physique qu'intellectuel. Tous ses progrès sont commentés, applaudis, et son développement psychique est passé au crible de nos pensées savantes et inquisitrices. Et en même temps il est, très jeune, pris dans des modèles d'éducation réussie, il doit rencontrer des enfants de son âge, partager les mêmes repas, les mêmes jeux, les mêmes joies, les mêmes vêtements. La crèche, la garderie restent les modèles idéaux avant l'entrée de plus en plus précoce à l'école maternelle. Là, son individualité, sa personnalité seront gommées pendant de longues heures chaque jour pour laisser place à une harmonie de groupe qui lui permettra plus tard de suivre docilement ces foules innombrables attirées par les mêmes cultures, les mêmes loisirs, les mêmes modes de pensée.

Certes, seul dans l'espèce animale, l'être humain est définitivement un être unique ; ses capacités intellectuelles, affectives ; sa sensibilité, sa personnalité, son humour, sa réflexion, sa joie ou sa peine ne répondent à aucun modèle. Nous pouvons le comprendre, l'aider dans son cheminement, nous devons simplement l'aimer pour la joie qu'il nous donne, pour la prise de conscience qu'exister est une aventure extraordinaire. En aucun cas nous ne pouvons ni ne devons le créer de toutes pièces.

L'homme, comparé à l'animal, a une autre particularité : il met vingt ans à devenir adulte. Cette maîtrise que l'on croit si bien assurer nous échappe en moins de dix ans. Nous réfléchissons peu à ces dix autres années, dont nous repoussons la pensée par crainte de cette phase obscure d'une adolescence où nous devrons affronter les conflits et que pourtant nous aurons préparée, et que pourtant nous devrons assumer.

Vous me direz sans doute, peut-être avec raison, que je parle dans les pages qui vont suivre d'une société réduite et schématique que j'observe au microscope. Certes, je connais mieux les petits citadins vivant heureux dans un milieu favorisé, mais l'envie d'écrire ce livre m'est venue à la suite d'une double réflexion.

Dans la campagne où j'aime me reposer, me promener et jardiner, je bavarde parfois avec mes voisins paysans. Mon étonnement est grand de les entendre raconter les journées de leurs enfants. Ils se lèvent tôt pour attraper, les yeux bouffis de sommeil, le car de ramassage scolaire qui les entraîne toujours plus loin vers l'école qui a la meilleure réputation dans le pays. Le soir, les parents doivent les amener au cours de tennis, ou de musique, alors que le travail de la ferme attend. Le mercredi, ils font aussi de l'orthophonie et le curé du village est très exigeant sur leur présence au catéchisme. La télévision bien sûr accapare leurs loisirs et les enfants demandent à leur tour à être à l'exacte image de ceux qu'ils admirent sur le petit écran. Je ne les vois jamais se promener dans les champs, construire des cabanes, et si, fièrement, ils participent à la moisson, ils restent sagement assis à côté de leur père sur le tracteur ou attendent passivement l'heure du pique-nique à l'ombre d'une grange. Ils viennent pêcher avec de rutilantes cannes à pêche et ont oublié comment attraper les grenouilles. Dans ma naïveté, je rêvais de chasse aux oiseaux dans les nids, de folles parties de cache-cache dans le foin, d'après-midi en forêt où ni les bruits furtifs d'animaux qui s'enfuient, ni les champignons vénéneux, ni les sentiers reculés pour se blottir dans une grotte secrète ne leur échappaient. Non, ils souhaitent ardemment ressembler aux modèles médiatisés de ces citadins qu'ils rejoindront à l'adolescence dans des cités bien éloignées du rêve lumineux qu'ils pouvaient s'en faire.

J'ai réfléchi aussi devant l'horreur que j'ai ressentie en voyant les murs de Paris recouverts d'affiches provocantes mettant en scène de pauvres gosses issus de favelas sordides, construisant leur maison ou celle des autres, âgés d'à peine 6 ou 8 ans, un regard triste posé sur l'objectif, pour vanter les mérites d'une grande industrie du vêtement qui propose d'éclairer le monde d'un festoiement de couleurs. Si nous avons pénétré les peuples les plus défavorisés pour en faire une image ridicule de notre puissance industrielle, ne les coloniserons-nous pas aussi dans leur pensée, dans leurs désirs, en projetant sur eux l'éclat de notre civilisation miroitante pour les soumettre à notre marché de consommation ?

Enfin, je voudrais transmettre et garder toujours le souvenir de cette maman qui n'avait pas lu de livres et qui, comme tant d'autres, m'a donné une belle leçon d'humilité et d'amour. Tandis qu'elle me demandait des conseils pour sevrer son bébé qu'elle tenait tendrement, elle me dit : « Regardez-le, docteur, il n'aime pas que je parle de ça, il tourne la tête et il commence à pleurnicher, il me regarde et je suis obligée de lui céder. D'ailleurs, je dois avoir des souvenirs, car ma mère m'a allaitée jusqu'à 14 mois alors que moi, je veux le sevrer à 5 mois sous prétexte que je suis une femme qui travaille. Mais il comprend tout, ce bébé-là, même quand son papa fait la grosse voix, il le regarde, il me regarde, et il pleure ; alors je le prends dans mes bras et je lui parle. Mes amies comparent, les veulent plus gros, plus grands, plus vifs, plus calmes, mais moi, je ne les écoute pas, c'est mon bébé et je l'aime que pourrais-je faire de plus ? »

Première partie

De la conception à l'entrée à l'école

1

ÉCOLE DE LA VIE, AVENTURE INSOLITE

On nous veut avec les stigmates des grandes écoles, je le veux avec les stigmates de la vie. Savoir s'il est agrégé en soleil. S'il a ses grades en désespoir.

JEAN GIONO

Sur terre, il y a aujourd'hui cinq milliards d'hommes. Dans le siècle qui se termine, cinq milliards de fois, une femme s'est dit : « Je suis enceinte. » Quelle banalité ! Pourtant cinq milliards de fois, ce fut une aventure unique, une histoire personnelle. Pour quelques-unes d'entre elles seulement, c'est une aventure joyeuse, et celles qui ont la chance de choisir ressentent crainte et culpabilité devant ce qui leur paraît une responsabilité presque insurmontable.

Choisir de donner la vie, c'est accepter de conduire son enfant jusqu'à sa majorité, d'en faire un adulte.

Certains apprentissages, obligatoires, ne peuvent être contournés. C'est l'aventure de la vie, l'aventure du savoir, les apprentissages physiques et intellectuels intimement mêlés, les progrès et les changements rapides, les acquisitions normales de tous les enfants.

À quelques jours, semaines ou mois près, l'évolution psychomotrice des enfants est comparable. À un rythme imprévisible qui est le sien, le petit homme domine les grandes fonctions motrices, découvre la complexité des relations humaines, amour, haine, rivalité, tendresse, et développe les capacités intellectuelles indispensables à une vie en société. Parce que nous restons longtemps dans l'éblouissement d'avoir donné la vie, nous pensons que chaque étape franchie est un cadeau. Nous nous émerveillons, comparant à notre avantage avec le fils du voisin qui a pourtant trois mois de moins ; nous anticipons les progrès à venir. Nous ne savons pas encore que dans quelques années seulement, devenu adolescent, il aura oublié comment sourire à ses parents, oublié qu'un livre peut être ailleurs que dans la poussière de la bibliothèque, oublié de marcher dans une forêt, oublié jusqu'à l'existence de Clovis, roi de France.

Certaines étapes sont prévisibles, et inquiets de suivre au plus près le développement de l'enfant que nous avons conçu puis mis au monde, nous avons une soif d'apprendre illimitée. Comme si, anticipant déjà sur les longues années que notre enfant passera sur les bancs de l'école, nous étions pris d'une frénésie de connaissances. Inlassablement, nous poursuivons le rêve du parent idéal et cherchons dans les livres le mode d'emploi. Nous reprenons le chemin de l'école.

Tout ce qui touche à l'enfance nous passionne, nous acceptons telles quelles toutes les informations à ce sujet. Nos maîtres sont les médias, les médecins, les spécialistes de la petite enfance, nos amis. Nous aurons de bons maîtres et de mauvais professeurs mais nous serons mauvais juges, désirant surtout entendre ce qui nous fait plaisir ou ne dérange pas trop. L'examen est encore loin, la sanction nous semble improbable, vingt ans séparent les questions que nous posons et la réponse que nous donnera notre enfant devenu adulte.

Pour l'instant, nous sommes dans un vécu immédiat ;

« L'avenir dure longtemps », comme disait Louis Althusser.

Les journaux, les livres, la communication audiovisuelle sont des moyens exceptionnels de diffusion de la connaissance. Ils donnent des réponses rapidement aux questions qui nous préoccupent et nous informent des nouveaux courants de pensée ayant trait à l'éducation et à la santé des enfants.

Nous voulons des explications scientifiques. Les chercheurs, les médecins, les journalistes doivent répondre à nos questionnements, mettre des mots précis sur les symptômes qui créent notre individualité, pour nous permettre de les ranger dans un cadre déterminé.

Nous ne pouvons plus attendre. Au lieu de chercher en nous-mêmes une solution aux questions que nous pose le développement de notre enfant, nous courons d'un article à une émission de télévision, d'un ami à un médecin. Nous galopons vers le savoir des autres au lieu de nous arrêter, de faire une pause pour laisser émerger une réflexion personnelle. Les idées germent, mûrissent, éclosent. Elles ont besoin du temps pour faire leur chemin et s'imposer comme solution.

Il n'y a pas de recettes en pédiatrie.

Prenons l'exemple des mamans qui consultent pour une syndactylie des deuxième et troisième orteils. Un mot bien barbare pour cette petite marque de fabrique qui consiste en une origine commune des orteils. Elles parlent déjà d'orthopédie, de chirurgie, elles sont prêtes à voir le podologue et à payer des fortunes pour des chaussures adaptées. Pourtant, un interrogatoire précis dévoilera facilement que le père et le grand-père sont porteurs de la même anomalie, qu'ils ont toujours détesté s'acheter des chaussures et enfilent bien vite leurs pantoufles en rentrant à la maison. Il n'y a pas de traitement, et nous rirons ensemble de cette originalité familiale.

Il ne s'agit pas de vivre coupés du monde, d'isoler son enfant dans le cocon familial. Les progrès en pédiatrie et en psychologie du développement de l'enfant sont quotidiens. Nous pouvons nous imprégner d'un courant de pensée, sans chercher à l'appliquer à la lettre.

Le choix même d'un livre ou d'une émission de télévision implique un acte volontaire qui, inconsciemment, met en scène notre histoire. La lecture stimule notre imaginaire et nous aide à organiser une pensée autour de notre enfant. Mais il ne faut pas projeter sur lui des idées toutes faites, des désirs mal contrôlés.

Laissons nos livres, écoutons l'enfant qui mûrit en nous, même si la médecine sait nous dire tant de choses sur lui. Il y a tout ce qu'elle ne nous dit pas, qui nous appartient à nous, parents, qui fait de notre histoire à deux, à trois une formidable et unique promenade hors du contrôle des monitorings, des prises de sang et des manuels.

Un jour, le nourrisson regarde sa mère qui le regarde et qui l'aime, et il sourit pour la première fois.

Un jour, le petit enfant lâche le bord de la table et s'avance vers les bras tendus qui l'attrapent en riant.

Un jour, l'enfant chante d'une voix pure une comptine oubliée : « À la claire fontaine » s'élève du fond de la voiture où on le croyait endormi.

Il est déjà presque sorti de l'enfance quand un soir, au dîner, il raconte comment Vercingétorix a été battu à Alésia. Il avait ce jour-là escaladé l'armoire pour chiper des bonbons.

Mais accumuler des souvenirs heureux ne suffit pas. Même si nous souhaitons que ses premiers apprentissages soient rapides et harmonieux, nous savons implicitement qu'il sera un bambin marchant et babillant, un môme qui sait lire et écrire, parfois un sale gosse qui fait des bêtises. Nous voulons davantage pour lui. Nous voulons qu'il soit cultivé, artiste, sportif, parfaitement équilibré physiquement et psychiquement. Nous lui offrons des loisirs adaptés à son âge et à ses besoins.

Nous avons la mémoire courte.

Car, pour réfléchir à l'évolution rapide de la société enfantine, surtout dans le domaine des loisirs, il faut remonter quelques décennies en arrière ou regarder la situation dans les pays pauvres. L'enfant ou l'adolescent du XXIe siècle, dans les sociétés occidentales favorisées, ne sera plus considéré pour sa force de travail ou le salaire qu'il rapporte à la fin du mois. Ne riez pas : à l'échelle de l'humanité, cette nouveauté des cinquante dernières années dans les pays riches paraît bien dérisoire ! L'enfant n'est plus ni ce « tube digestif vagissant » qu'il faut rapidement dresser, ni un outil potentiel qui apprend à ses dépens la cruelle réalité d'une vie laborieuse. Ne vous moquez pas : le souvenir des enfants dans les mines ou aux champs est encore inscrit dans nos mémoires et ne doit pas être rayé comme une pensée gênante. En témoigne la leçon la mieux apprise par les enfants au cours d'instruction civique : celle sur la charte internationale des droits de l'enfant. Ce n'est pas par hasard : les enfants savent de façon instinctive qu'ils doivent protéger leur droit à l'enfance. Même s'ils vivent dans de bonnes conditions sociales, ils ont tous eu un jour ou l'autre à souffrir d'une injustice, ils ont été jaloux d'un camarade plus gâté, ils ont perçu la pression familiale pour leur réussite morale ou intellectuelle, ils regardent parfois des documentaires sur les pays en voie de développement et s'inquiètent des enfants dont les droits sont bafoués. Ils n'ont pas le sentiment d'apprendre une leçon de morale ; s'ils sont solidaires des enfants du monde avec générosité, c'est qu'ils sont conscients qu'eux-mêmes sont parfois niés dans leurs désirs, et ils sont alors enthousiastes pour envoyer du riz en Somalie ou des vêtements en Yougoslavie.

Mais, ce moment d'exaltation passé, ils retrouvent avec plaisir le confort que leur offrent les pays riches. Les enfants savent qu'ils n'auront pas à assurer rapidement un salaire complémentaire pour aider la famille. Les études se prolongent, le nombre de chômeurs en constante progression incite la société à maintenir plus longtemps les jeunes dans des cursus scolaires qui les excluent de la comptabilité des actifs. La vie familiale est devenue plus agréable, les parents sont tolérants, leur appartement confortable, le droit à la mauvaise humeur et les crises d'adolescence reconnus comme formateurs. Ils acceptent de travailler en classe, ils participent à des activités extérieures enrichissantes, à condition d'être dans la modernité. Inconsciemment soumis aux lois du marché de consommation des jeux et des loisirs, ils exigent que leurs désirs se réalisent tout de suite. Poussés par des publicités accrocheuses, incités par les géants des multinationales du jeune, ils s'habituent à devenir des acheteurs immédiats, sensibles aux changements de mode, recherchant la facilité et la conformité de groupes toujours plus homogènes. Habitués à l'argent facile depuis leur plus jeune âge, ils retardent l'entrée dans la vie active, brusque sevrage du cordon familial inconsciemment redouté.

Ce n'est pas la nostalgie qui réveille les souvenirs. Notre société est infiniment meilleure pour les enfants que ne l'était celle de nos grands-parents. Il fait bon vivre aujourd'hui, et pour rien au monde les femmes n'échangeraient une vie active enrichie par des enfants plus vifs, plus dégourdis, plus intelligents aussi, dont elles ont la fierté de s'occuper seules, pour celle de leurs aïeules, conformistes et soumises. Ce n'est ni la vie de la femme, ni celle de l'enfant qui est discutable, mais la nouvelle société de l'enfance qui mérite d'être réfléchie. Sympa, confortable, ouverte sur la jeunesse, elle ne peut pas encore s'offrir en prime le luxe de la gratuité et de la bonne volonté. Puisqu'il existe une génération, du nourrisson à l'adolescent, libérée des soucis matériels, autant qu'elle profite à l'intérêt général et consomme. Elle doit payer.

L'enfant est un formidable acheteur, ce nouveau marché est en pleine expansion. Et il ne s'agit plus seulement de bonbons, jouets, gadgets innombrables, qui encombrent les chambres et vident les portefeuilles, mais d'une grande industrie du loisir individuel et familial qui s'impose comme une échappée vers le rêve, hors de la monotonie quotidienne.

L'offre crée la demande et les parents s'engouffrent vers ces innovations toutes commerciales qu'ils imaginent conçues pour l'équilibre de l'enfant. Les publicités qui prônent le bien-être, la tranquillité, le retour aux vraies valeurs (!) et la communion avec une nature plus proche sont convaincantes. Elles mettent d'ailleurs souvent en scène des traditions du XIXe siècle, dont le modèle vivace reste les petites filles modèles de la comtesse de Ségur. Les parents rêvent que leur enfant devienne cette image médiatisée : « Mme de Fleurville était la mère de deux petites filles, bonnes, gentilles, aimables, et qui avaient l'une pour l'autre le plus tendre attachement. Jamais on n'entendait une discussion entre Camille et Madeleine. Tantôt l'une, tantôt l'autre cédait au désir exprimé par sa sœur... »

Il faut que les enfants soient toujours plus beaux, toujours plus dynamiques, toujours plus performants. Il faut qu'ils puissent s'accomplir à l'école, dans leurs activités extrascolaires, dans leurs loisirs. Il faut, il faut… toujours ce mot du devoir ! Pourtant…

L'aventure de la vie, extraordinaire, veut que l'enfant tienne assis puis marche, grimpe les escaliers, coure, trouve l'équilibre et la maîtrise de son corps. Il y parvient par étapes, qui correspondent aussi à son désir de découvrir et de dominer le monde. Et si nous sommes à la fois étonnés et admiratifs de voir le petit nouveau-né capter le regard, établir une communication, ébaucher un sourire à quelques semaines de vie, il est peu probable que les progrès de la médecine et de la psychologie du nourrisson accélèrent les processus de maturation neurologiques et physiologiques. Nous ne verrons pas dans quelques années les bébés de 6 mois marcher d'un pas hésitant, nous n'entendrons pas l'enfant de 1 an faire des phrases complètes. Sans doute certaines expériences ayant pour but d'accélérer les performances intellectuelles du nourrisson ont-elles été tentées, mais elles n'ont pas été couronnées de succès à court terme, et à long terme les résultats sont désastreux. Force est de renoncer à jouer aux apprentis sorciers en manipulant des super-bébés. Ou alors il faut accepter d'attendre quelques millénaires d'évolution de l'espèce humaine.

En effet, l'humanité progresse. Il a fallu des milliers et des milliers d'années pour que l'homme se redresse, parle, réfléchisse, innove pour autre chose que sa survie immédiate. L'enfant doit parcourir en raccourci tous ces siècles. Mais cela lui demande quand même un peu de temps. La complexité de son intelligence correspond à l'immensité de son passé ancestral. Aujourd'hui, la science, la technologie, les découvertes s'emballent. Oubliant l'extrême spécialisation de la recherche, nous souhaitons que notre enfant soit capable de tout apprendre pour pouvoir tout comprendre et devenir meilleur.

Mais nous craignons aussi qu'il privilégie uniquement la connaissance intellectuelle, et nous nous efforçons de développer d'autres capacités et d'autres dons, l'aptitude pour le sport ou pour la musique par exemple. L'aventure de la vie, qui à elle seule devrait combler notre soif d'émerveillement et d'amour, se transforme en quête inassouvie de nouveaux apprentissages et parasite notre joie devant l'enfant qui nous rappelle une enfance plus insouciante que celle que nous lui offrons.

2

FEMME ACCOMPLIE : ENCEINTE

Il était une fois un roi et une reine. Chaque jour ils se disaient : « Ah, si nous avions un enfant. » Mais d'enfant point. Un jour que la reine était au bain, une grenouille bondit hors de l'eau et lui dit : « Ton vœu sera exaucé. »

GRIMM
La Belle au bois dormant

Entre l'enfant né dans une case africaine, neuvième de son père et troisième de sa mère, et le nouveau-né superbe, scandaleux, affiché sur tous les murs du métro, il y a nous. Notre histoire, notre corps, notre vie. Nous mettrons un enfant au monde et nous devrons l'aimer, l'élever, le soutenir, le conduire à l'âge adulte. Nous ne sommes pas plus des humains préhistoriques guidés par l'instinct animal que des robots automatisés et programmés.

D'abord nous l'avons voulu. Nous avons choisi à quelques semaines près le moment de sa naissance. Nous aurions préféré qu'il naisse au printemps plutôt qu'en été, mais la nature ne se plie pas toujours à notre agenda.

Avant même sa conception, nous tissons autour de lui

un cordon d'amour. Il y a seulement trente ans, un couple sur quatre n'avait pas d'enfant, parfois pour des raisons médicales, parfois simplement parce qu'il n'en éprouvait pas le besoin pour mener à bien une vie d'adulte responsable. Aujourd'hui, un couple qui n'a pas d'enfant est regardé de travers et chacun connaît le long parcours du combattant auquel s'astreignent ceux qui sont ou se croient stériles. Ils demandent à la science de pallier cette « tare » presque honteuse.

Les centres spécialisés connaissent ainsi un succès grandissant. Les consultations ne désemplissent pas. Un enfant sur 200 est aujourd'hui conçu hors du corps : il naît chaque année en France plus de 4000 enfants par des méthodes de procréation médicalement assistée. Or ces traitements s'appliquent de plus en plus fréquemment à des couples dont la stérilité n'est liée à aucune cause médicale. Seulement le couple en désir d'enfant ne sait plus attendre. Il est anxieux et impatient, et des mécanismes de défense inconscients se mettent en place et bloquent la fertilité naturelle.

Qui n'a en mémoire une amie, une collègue, enceinte quelques semaines seulement après avoir renoncé à son projet d'enfant ? Déçue, elle avait organisé un voyage périlleux à l'autre bout du monde, ou avait enfin accepté l'avancement professionnel que lui proposait son patron, mais qui était inconciliable avec une grossesse ou un enfant en bas âge en raison du surcroît de travail qu'impliquait cette promotion.

Aujourd'hui les futures mères s'épuisent dans les consultations spécialisées en multipliant les examens complémentaires éprouvants, tant physiquement que moralement.

Lorsque aucune cause médicale n'est décelée, avant d'avoir recours aux méthodes de transfert d'embryons, les médecins pratiquent des stimulations ovariennes. Elles provoquent souvent des grossesses multiples.

Cécile est un beau bébé de 6 mois, souriant, calme, doté d'un solide appétit et d'un bon sommeil. Sa maman vient de terminer des études supérieures de droit et veut un deuxième enfant rapidement avant de chercher un travail. N'étant pas encore enceinte trois mois après cette décision, elle suit un traitement stimulant l'ovulation. Elle accouche de triplés sept mois plus tard. Les nouveau-nés, prématurés, sont réanimés puis passent deux mois en couveuse ; bien que leur vie ne soit pas en danger, ils justifiaient de soins intensifs. De retour à la maison, ce sont dix-huit biberons à donner par jour et sept cents couches par mois. Il faut changer d'appartement, de voiture, trouver une aide familiale qui accepte de seconder la maman pour les piles de lessive, les biberons à laver et à donner à longueur de journée, les pleurs des premières dents, les cuillères de sirop toutes les heures quand ils souffrent d'une rhinopharyngite. Cécile est complètement délaissée. Elle a perdu son bel appétit, elle est plus souvent malade qu'auparavant, et ses progrès deviennent très lents. La maman en prend heureusement conscience assez tôt pour éviter des conséquences irrémédiables. Elle confie les triplés deux après-midi par semaine à une jeune fille au pair pour s'occuper elle-même exclusivement de Cécile. Comme c'est une femme active et intelligente, elle sait s'occuper harmonieusement de sa grande famille. Mais elle a dû renoncer définitivement à sa vie professionnelle et pendant quelques années oublier ses préoccupations personnelles, d'autant que la situation financière de la famille est difficile, et qu'elle doit faire beaucoup de sacrifices. Parfois elle pense avec nostalgie à ses ambitions d'étudiante et refuse d'ouvrir un livre qui parle de l'éducation moderne de l'enfant roi. Elle se demande alors si, en voulant bénéficier des derniers progrès de la médecine, elle n'est pas retombée dans la situation de la femme du XIXe siècle, dans une famille pauvre, débordée par les enfants en bas âge et les tâches matérielles harassantes.

Désir d'enfant

L'enfant est devenu une obligation sociale, c'est l'alibi du couple, la preuve de son amour, l'expression de sa réussite.

Nous ne pouvons plus marcher dans la rue, ouvrir un magazine, regarder la télévision sans voir des images de splendides bébés vantant aussi bien les mérites des couches sans fuites que des voitures luxueuses ou des mousses à raser si douces pour la peau de papa. L'extraordinaire potentiel commercial que représente l'enfant d'aujourd'hui le transforme en consommateur.

Il n'y a pas si longtemps la femme redoutait d'être enceinte ; aujourd'hui, grâce à la contraception, elle maîtrise la « non-procréation ». Avoir un enfant implique une volonté délibérée, et devient l'exception. Deux ou trois fois pendant la période d'activité génitale, la femme fera ce choix. Ce progrès fantastique permettra sans doute à notre monde de vaincre la surpopulation, menace des décennies à venir ; et bien des peuples encore aujourd'hui nous envient l'éducation et la culture qui permettent aux femmes d'accéder au contrôle des naissances. Nous ne pouvons que souhaiter que les interruptions volontaires de grossesse soient plus rares, elles qui grèvent à la fois l'équilibre gynécologique de la femme et les composantes psychologiques qui interviennent dans la fertilité.

Mais cette nouvelle image de la femme, capable

d'avoir ou non un enfant quand elle le désire, bouleverse profondément notre mode de pensée quant aux notions de liberté sexuelle et de vie familiale. Car l'enfant n'est plus « l'heureux événement » accepté avec bienveillance, mais le fruit d'un choix déterminé et donc porteur d'une obligation de réussite. Au lieu de vivre dans la crainte d'une grossesse qui contraignait à une certaine réserve dans les rapports amoureux, dès la sortie de l'adolescence la femme peut facilement ne pas procréer, aussi longtemps qu'elle le désire, jusqu'à ce que toutes les conditions soient en apparence réunies pour que l'enfant soit le bienvenu dans le couple. C'est pourquoi on voit tant de grossesses tardives, qui sont des grossesses à risque, malgré les progrès de la médecine.

Désormais le projet de grossesse ne répond plus à aucune fantaisie. La femme enceinte sans l'avoir prévu longtemps à l'avance devient suspecte aux yeux de la société. Elle dira à ses amies que c'est un accident, que c'est un bébé stérilet car elle n'a pas revu son gynécologue depuis trois ans, et chacun la réconfortera avec un petit sourire entendu.

Les médecins maîtrisent la contraception et sont donc détenteurs de la stérilité volontaire de la femme, puis ils contrôlent la procréation. Leur première question, quand une femme vient les voir soit parce qu'elle est enceinte, soit parce que son bébé vient de naître, est donc de savoir si la grossesse était bien désirée. À moins que la femme elle-même ne l'annonce d'entrée de jeu, se défendant ainsi de la culpabilité d'une grossesse inattendue.

Le médecin devient l'interlocuteur de choix dans la décision du couple de créer une famille, remplaçant parfois à tort les futurs grands-parents qui croient bien faire en ne prenant plus aucune part dans la vie de leurs enfants en âge de devenir parents à leur tour. La jeune femme se prive pourtant ainsi de l'émotion d'entendre raconter sa propre conception, attendue, désirée ou accidentelle, tissant ainsi le lien des générations, réveillant de part et d'autre des souvenirs oubliés, créant une complicité irremplaçable et trop négligée.

Le pédiatre n'intervient pas directement dans la grossesse. Il est pourtant concerné de multiples façons. Les progrès de la médecine fœtale impliquent une connaissance parfaite de la physiologie du prématuré et du nourrisson normal ; les congrès de médecine obstétricale sont désormais mixtes, regroupant pédiatres et obstétriciens. Le développement des techniques échographiques fait appel aux pédiatres. Il en est ainsi du dépistage des malformations cardiaques, neurologiques, digestives, osseuses... qui nécessite la maîtrise du diagnostic de ces maladies chez le nourrisson pour préciser le pronostic et expliquer à la mère, sans erreur, les conséquences pour qu'elle décide de la poursuite ou non de la grossesse. Les interventions chirurgicales chez le fœtus sont pratiquées par des chirurgiens pédiatres, elles seront en plein essor dans les années à venir.

Mais même en dehors de toute pathologie, le pédiatre doit connaître parfaitement le déroulement de la grossesse pour assurer le suivi harmonieux tant physique que psychologique du nourrisson. Ces neuf mois de grossesse sont essentiels pour comprendre, dès qu'ils apparaissent, des troubles qui ne surviendront peut-être que beaucoup plus tard et sans lien apparent avec le mode de vie des parents et de l'enfant. Des mois ou des années après le premier interrogatoire et l'examen du nourrisson, le pédiatre se réfère toujours aux quelques mots inscrits sur sa fiche qui relatent le vécu de la grossesse et les incidents qui l'ont peut-être émaillée.

Serge et Nathalie forment un jeune couple dynamique. Ils aiment leur métier et s'investissent beaucoup dans leur vie professionnelle. Curieux de la vie culturelle de la capitale, ils sortent souvent le soir et adorent les dîners en amoureux après le spectacle. Leurs vacances les entraînent à la découverte de pays lointains, où ils apprécient des saveurs, des odeurs, des couleurs inconnues.

Seulement, voilà, Nathalie a presque 35 ans, Serge se demande s'il restera toujours dans la même entreprise, il a envie de créer. Leurs amis les délaissent, ils ont eux-mêmes des petits enfants et, passionnés par leur nouvelle aventure de parents, ils n'ont plus le temps de passer des soirées à bavarder de politique, de spectacles ou de voyages.

Nathalie regarde de plus en plus les spots télévisés mettant en scène des bébés ; à l'heure du déjeuner, elle s'arrête inconsciemment devant les magasins de vêtements d'enfant. Elle commence à se poser des questions. Quel est l'avenir de son couple ? Serge est-il bien l'homme de sa vie ? Est-il vraiment utile de partir en Inde pour les vacances, vivre dans la chaleur et la saleté ?

Pour Serge et Nathalie, le désir d'enfant s'affirme, puis devient une nécessité absolue, presque une urgence. Ils imaginent que leur couple est jugé sévèrement par leurs amis. Sans lien nouveau, ils redoutent de ronronner dans une vie trop facile, ils craignent de s'investir exclusivement dans leur travail, ils ont peur que leur amour ne s'étiole à force d'habitude. Non, ils se sentent pleins de sève, ils auront un enfant.

Ils n'y parviennent pas tout de suite. Nathalie, comme beaucoup de femmes aujourd'hui, a pu s'offrir le luxe d'attendre. Elle a tenu jusque-là à ce que s'épanouisse sa liberté de femme moderne. Pour elle, terminer ses études, avoir un emploi valorisant, vivre plusieurs expériences sexuelles est indispensable avant de trouver le compagnon stable avec qui des projets à long terme seront envisagés. Pendant toute cette période, elle a bénéficié de la contraception, sûre de retrouver immédiatement une fertilité naturelle dès qu'elle le désirerait.

Mais il y a un élément que l'on aimerait bien éliminer, et qui, incommode et fantasque, court comme un furet : l'inconscient. L'inconscient, notre ombre secrète, ne peut accepter de se plier aux contraintes du seul progrès scientifique.

Rebelle et indomptable, s'il refusait à la femme d'ovuler au jour dit, à l'œuf de se nicher dans l'utérus puis de croître pour devenir un homme, peut-être avait-il de bonnes raisons ? Peut-être sentait-il que le couple connaîtrait des heures difficiles et n'aurait pas la force d'assumer toute une existence commune ? Peut-être devinait-il que la femme vivrait comme une blessure la transformation de son corps ? Peut-être savait-il déjà qu'elle ne pourrait concilier son activité professionnelle et la régularité d'une vie de famille ? Peut-il accepter que l'enfant se substitue au corps de la mère ?

Porteur de l'histoire transgénérationnelle de la femme qu'il habite, l'inconscient sait quelles difficultés surgissent lorsqu'il faut passer de l'état de fille à l'état de mère. Les souvenirs vont affleurer, modifiant l'image d'Épinal du bébé idéal que la future maman avait nourrie de clichés de magazines.

Le XXIe siècle n'a pas fini de se poser des problèmes d'éthique. Les pédiatres savent déjà qu'ils devront appréhender une nouvelle pathologie née du désir d'enfant à n'importe quel prix et des grossesses médicalement assistées. Les questions de filiation les préoccupent autant que les sociologues et les psychologues qui se penchent sur le sujet. Les réunions communes sur ce thème se multiplient, chacun rapportant des expériences concrètes.

Grossesse et échographie

Mais, rassurons-nous, Serge et Nathalie sont comme la majorité des gens, sains de corps et d'esprit et amoureux. Ils font leur bébé tendrement, en se laissant porter par une histoire vieille comme le monde. Ils se réjouissent de l'inattendu, de la joie profonde et vraie de sentir en soi l'ébauche d'une vie, comme un secret.

D'autres pièges jalonnent leur route.

Nathalie saisit son téléphone et s'enquiert d'une bonne maternité. Elle y avait déjà pensé, mais n'avait pris aucune décision. À sa grande surprise, plusieurs maternités publiques renommées affichent déjà complet, alors que Nathalie s'est précipitée au huitième jour de retard de règles. Comment font celles qui ont le privilège d'être parmi les élues ? Finalement elle suivra les conseils de son gynécologue, qui la connaît bien et en qui elle a toute confiance. Elle sera suivie en ville et accouchera dans une bonne maternité privée. Elle se console en pensant qu'elle évitera ainsi l'anonymat des hôpitaux et la mauvaise réputation des longues attentes en consultation. Elle pourra aussi joindre plus facilement son médecin si elle se fait du souci.

Déjà ce n'est plus ce bébé si touchant qu'elle admirait dans les revues : n'importe quelle librairie de gare offre en livre, en vidéocassette, en magazine son portrait jour après jour, car ils se ressemblent tous quand ils mesurent 2 centimètres ! Son bébé, c'est cette minuscule vie qu'elle ne sent pas, qu'elle ne voit pas, que Nathalie a encore du mal à imaginer.

Car, entre le moment où la future mère a su qu'elle

était enceinte et la naissance, neuf mois se seront écoulés. La nature est bien faite, neuf mois, c'est le temps qu'il faut pour mettre en place les grandes fonctions vitales, c'est aussi le temps nécessaire pour accepter l'enfant et l'intégrer à sa propre histoire, un passé sans lui et un avenir avec lui. Neuf mois, un temps de vie pour donner la vie.

Neuf mois, un temps pour le rêve. Rêver qu'il aura les yeux verts du grand-père et les mains de violoniste de sa mère, l'intelligence de son oncle et le corps musclé de son père. Neuf mois d'inquiétude aussi : s'il avait les oreilles décollées de son cousin et le caractère irascible de sa vieille tante ? La crainte de maladies et de malformations crée le besoin d'apprendre et de comprendre pour cacher des peurs plus archaïques. Donner la vie, c'est aussi savoir inconsciemment qu'un jour elle peut être reprise.

La science, bonne fille, pour combler notre curiosité et adoucir nos craintes, a inventé l'échographie.

Autrefois, le médecin plaçait son stéthoscope sur le ventre de la maman et écoutait les bruits du cœur, la future mère retenait son souffle, rêvait du cœur tendre de son bébé qui battait déjà, et avait un bon sourire quand le médecin lui annonçait « tout va bien », d'un air complice.

Aujourd'hui, notre monde est avant tout audiovisuel. L'image a rempli notre culture. Nous voulons tout voir et tout savoir immédiatement. L'échographie répond à cette demande. Nous regardons un écran et le médecin nous montre le cœur, les pieds, le sexe. Il mesure le diamètre de la tête, de l'abdomen. Il confirme la date de la conception qu'il peut retrouver à quelques jours près. Il annonce la taille : « Déjà 12 centimètres. » Bien que l'imagerie échographique fasse partie des techniques radiologiques les plus difficiles à appréhender pour les médecins et demande un long apprentissage, la maman croit voir son fœtus très précisément. La première photo de l'album de famille est une échographie.

L'échographie est un acte médical difficile, outre sa complexité technique ; il s'accompagne de commentaires, et la femme enceinte est fragile et interprétera toutes les hésitations, les intonations de voix, en fonction de ses préoccupations du moment.

C'est ainsi que les spécialistes ont renoncé aux échographies trop précoces. En effet, aux débuts de l'échographie, celles-ci ont mis en évidence un nombre très élevé de grossesses gémellaires. De fait, il arrive fréquemment que deux ovules soient fécondés, et qu'un des œufs soit éliminé en début de grossesse, naturellement, sans que la femme le sache. Peut-être simplement parce que la nature est bien faite et que toute grossesse multiple représente des risques. Si la future maman est immédiatement informée qu'elle attend des jumeaux, puis deux mois plus tard qu'il n'en reste plus qu'un, elle risque de transformer la joie de la naissance à terme d'un superbe bébé en deuil d'un enfant qui n'existe pas.

De la même façon, un œuf trop fragile ou mal formé s'élimine spontanément. La femme peut s'étonner d'un retard de règles inhabituel. Souvent, elle ne saura pas ce qui s'est réellement passé. Une échographie trop précoce, en visualisant, même de façon déformée, un embryon malformé risque de laisser une empreinte ineffaçable dans le cœur de la future mère, qui développera alors une anxiété pathologique à la grossesse suivante.

L'échographie est un outil prodigieux. Elle permet le dépistage de maladies qui pourront être surveillées puis traitées dès la naissance, elle reconnaît une souffrance fœtale. Dans l'immense majorité des cas, elle permet de suivre l'évolution d'une grossesse normale et de rassurer les parents. Mais attention aux phrases du genre : « Oh ! il a de grands pieds », « Tiens, le cœur est rapide » ou « La jolie toute petite tête ». Ces mots vont se graver instantanément dans l'imaginaire maternel et transformer sa rêverie.

Les parents le savent bien cependant. Ainsi, au début de l'échographie, le médecin annonçait triomphalement le sexe en se trompant souvent. Aujourd'hui, il ne se trompe plus, mais les parents ne veulent plus savoir, ou alors un seul des deux connaît le secret et le garde jalousement si son partenaire préfère avoir la surprise à la naissance.

L'échographie doit apporter la sécurité et un matériel pour rêver, mais ne doit pas prendre la place de l'activité imaginaire.

Méfiance, méfiance. Reprenons le chemin de l'école buissonnière. Car l'enfant que vous aspirez à tenir dans vos bras n'est pas un fœtus de 20 ou 28 semaines. C'est un beau bébé tout fini, avec ses cheveux, ses ongles, ses petites fesses, qui vous regarde et vous aime déjà.

Méfiance, méfiance. L'imaginaire est tout sauf une image fixée malgré l'origine étymologique commune des deux mots. L'imaginaire est la transformation par l'esprit d'un être ou d'une chose, tandis que l'image est sa représentation exacte. Notre monde d'image prend la place de l'imaginaire.

Ainsi cette maman ne parlait à son aîné du bébé à venir qu'en lui montrant des images. En rentrant de chaque consultation d'obstétrique, elle prenait Pierre, âgé de 3 ans, sur ses genoux et lui montrait à la fois l'échographie et la photo correspondant à l'âge du fœtus dans un album richement illustré de documents réels sur la vie intra-utérine. Elle pensait en toute bonne foi lui éviter d'être jaloux et voulait lui faire partager sa joie.

L'enfant était terrifié. Il fit des cauchemars pendant toute la fin de la grossesse, se réveillant deux ou trois fois par nuit. À la naissance de sa sœur, Pierre refusa d'aller voir sa maman à la maternité, puis de regarder le bébé, s'enfermant dans sa chambre dès que ses parents s'occupaient d'elle. Inquiète, la maman finit par m'en parler en m'expliquant qu'elle avait pourtant tout fait pendant la grossesse pour le préparer et éviter la jalousie. Je vis Pierre plusieurs fois pour lui parler de sa petite sœur aujourd'hui bien réelle. Pour une fois, la télévision me fut bien utile. J'ai pu lui expliquer que les héros déformés de ses feuilletons préférés qu'il regardait à la télévision n'étaient pas réels et qu'il le savait très bien, c'étaient des images. Les images que lui avait montrées sa maman n'étaient pas la petite sœur qu'il imaginait dans sa tête et qui ressemblait même dans le ventre de sa maman aux bébés qu'il avait déjà vus, voire à lui-même déjà grand garçon de 3 ans. Maintenant qu'elle était née, sa petite sœur était bien réelle et c'était lui qui avait eu raison de l'imaginer si jolie. C'est comme s'il l'avait depuis longtemps créée, lui, en réalité, et je lui fis toucher une à une les mains puis les pieds puis le visage de sa petite sœur. Il put alors l'accepter et il fut très fier d'elle par la suite. Pierre est peu jaloux de sa sœur, mais il joua longtemps avec des robots — monstres qu'il maltraitait avec un plaisir certain.

Pierre avait rêvé une petite sœur à son image. Toutes les mamans organisent aussi une rêverie autour du bébé à naître. C'est l'enfant imaginaire. Il est le fruit d'angoisses et de joies, de doutes et d'espoirs, de tous les sentiments contradictoires qui nous agitent. Il est porteur de notre histoire d'enfant, il nous permet de résoudre des conflits parfois très anciens que nous avons eus avec nos parents, sans même le savoir.

Mais voilà que la mode s'empare de notre imagination

pour en faire un modèle prêt à l'emploi. À la suite d'un article paru dans un magazine, une maman, grande, blonde, avec une petite fille qui ressemblait à Boucles d'Or, me dit qu'elle rêvait d'un petit garçon brun comme un pruneau, avec des yeux noirs. Étonnée de cette réponse, je lui dis qu'il y avait peu de chances puisque son mari était, lui aussi, blond aux yeux bleus. Elle m'a alors expliqué qu'elle avait lu qu'il fallait surtout créer pendant la grossesse un enfant imaginaire qui soit à l'opposé des prévisions familiales, car c'était un être irréel !

Laissons l'enfant imaginaire à sa place dans le secret des mères ! Il ne ressemble ni à une image échographique, ni à une photo de fœtus, c'est une rêverie inconsciente à laquelle il est impossible de donner forme. Dès la naissance, il s'efface pour laisser la place à un bébé bien réel. La relation d'amour n'est plus dans le rêve, mais dans les échanges avec ce nourrisson merveilleux.

Repos obligatoire

Nathalie est donc prête à passer ces neuf mois, son échographie dans la poche et son enfant imaginaire sous le bras. Elle aura un beau bébé, c'est promis. Mais son médecin la connaît bien et sait qu'elle a une vie très active. Il craint qu'elle soit incapable de renoncer à faire des courses, voir une exposition, dîner chez des amis. Comme il redoute la prématurité, il propose un arrêt de travail. Dès le deuxième mois de grossesse, la femme est retirée de la vie active. Elle fera encore quelques apparitions au bureau entre le troisième et le cinquième mois, mais chacun sait qu'elle est absente pour une bonne année. D'ailleurs elle est bien peu efficace dans son travail, elle agace, toujours à parler d'elle-même et de son bébé, à partir en milieu d'après-midi pour un rendez-vous médical, à réclamer des égards. Qu'elle reste chez elle !

Après quelques jours de repos, Nathalie s'ennuie. Habituée à une vie active, elle a désormais pour mission de s'occuper exclusivement d'elle-même et de son bébé, de passer le plus de temps possible allongée.

Il a fallu 5 milliards de femmes enceintes pour que la planète se peuple de 5 milliards d'individus. S'il est exceptionnel d'être enceinte, c'est l'exception la plus répandue du monde ! Allons, osons nous l'avouer, même si notre égocentrisme se rebiffe, c'est un état parfaitement normal et naturel.

La science, la technique, la médecine ont permis à l'obstétrique de faire de fulgurants progrès, qui, dans nos pays, évitent aujourd'hui bien des drames. Mais l'effet pervers en est que la femme enceinte se considère comme malade.

Au lieu d'intégrer naturellement cet état à sa vie, de se garder ouverte sur le monde, voilà que Nathalie se replie sur elle-même, ne pense plus qu'à elle et à son petit. Serge, d'habitude patient, en prend parfois ombrage.

L'inaction diminue son énergie et émousse sa curiosité intellectuelle. Elle ne lit plus que des revues consacrées aux bébés et aux femmes enceintes. Elle passe des heures au téléphone à décrire ses états d'âme, à analyser ses comportements. Elle essaie de devenir une image de publicité et elle se culpabilise de n'être pas cette femme toute mince, exhibant un ventre parfaitement arrondi, mangeant un yaourt au kiwi. Justement, seule à la maison, elle mange trop et grossit. En quête du nourrisson idéal, elle se veut mère parfaite, à l'affût de tous les conseils, judicieux ou non, de toutes les modes par essence éphémères, de toutes les découvertes, vulgarisées avec plus ou moins de bonheur. Une phrase happée au cours d'une conversation ou d'un article lui fait changer ses habitudes diététiques, hygiéniques ou morales. Pour se défendre contre sa conscience qui lui murmure de se méfier des modes commerciales, elle devient elle-même prosélyte active, voire intransigeante.

Craignant sans cesse une erreur fatale pour son bébé, elle n'a plus ni jugement ni imagination, et méprise les croyances populaires transmises par les femmes de génération en génération. D'ailleurs, elle a convaincu sa propre mère, qui est en admiration devant les progrès de la médecine pour la surveillance des grossesses, elle qui a eu quatre enfants sans prendre un seul jour de repos. Nathalie écoute du Mozart, elle qui n'aimait que les Beatles ; baisse la sonnerie du téléphone pour qu'il ne sursaute pas ; mange des carottes pour qu'il ait de bons yeux, alors qu'elle déteste les crudités ; elle lit tout haut pour qu'il s'éveille ; elle stimule ses mouvements pour qu'il soit vif, elle qui a marché à 20 mois.

La femme enceinte vit ainsi dans un univers clos, centrée sur elle-même, retirée des réalités, infantilisée par des publicités mensongères. Elle se construit un monde idéal où l'enfant est roi, et elle ne se prépare pas à affronter la réalité d'un enfant qui vit d'abord pour lui-même et non pour faire plaisir à ses parents.

Les phénomènes de mode pendant la grossesse

Un enfant exceptionnel est à venir pour un destin exceptionnel. Un petit être roi, un cadeau, un bonheur qui va nous réconcilier avec tous les petits soucis et nous offrir un émerveillement de chaque jour.

Il ne suffit plus de le créer, de le modeler, de l'aimer, il faut lui donner des atouts pour se battre, être performant, original, artiste, et cela dès sa conception.

Pour la future mère, finies les recettes pour protéger son corps, manger équilibré, faire quelques minutes de gymnastique quotidienne, éviter de fumer et de prendre un petit verre chez les amis. Tout cela est ringard, dépassé ou, plutôt, fait déjà parti de l'acquis. Nos mères le savaient déjà, les gynécologues ne pensent pas utile de donner des recommandations aussi simplettes.

L'heure est venue d'innover, de comprendre et de maîtriser la situation. Deux petites cellules, microscopiques et invisibles, se sont réunies. Elles vont se diviser, se multiplier, s'organiser en os et en muscles, en cœur et en cerveau, en téguments et en organes digestifs, et en cinq sens, subtils, mystérieux. L'échographie contrôle de plus en plus la croissance, mais ce fœtus que voit-il, entend-il, palpe-t-il ? Peut-on prendre le risque qu'il préfère les poulbots aux impressionnistes, Charles Trenet à Verdi ? Non, non et non, notre bébé ne sera pas déformé par les dessins animés de qualité médiocre que diffusent les chaînes télévisées pour enfants, par la musique d'aéroport, par les frites au ketchup. Pas plus qu'il ne sera maladroit, dyslexique, peureux...

Parce que nous lui aurons appris les vraies valeurs en même temps que ses sens se sont formés, lui imprimant une bonne marque de fabrique dès l'origine. Il ne s'agit plus de penser à nous mais à lui et à ses dons, puisque l'échographie nous rassure sur son développement physique.

Obsolète, la joie de ressentir un coup de pied en pleine réunion de travail quand, mettant discrètement la main sur son ventre, on se demandait si c'était le pied, le coude ou la tête qui venait nous dire bonjour, nous distraire un instant du dossier qui nous passionnait de nouveau la minute d'après. Vivons avec notre temps, soyons scientifiques : un pied est un pied et nous avons appris à le reconnaître et à le faire admettre à notre fœtus. L'haptonomie, cours de massages et de connaissance du bébé pendant la grossesse, est la dernière mode, à laquelle nulle femme moderne ne peut se soustraire. Une fois par semaine, docilement, elle prend contact avec son ventre et son bébé, elle apprend et comprend avec lui et pour lui que les jambes sont faites pour marcher, les pieds pour courir, les mains pour saisir, les bras pour porter, la tête pour penser, le ventre pour digérer, le thorax pour respirer et vivre. Et pour les reconnaître, pour que le bébé les intègre, la future maman leur fait des petits massages, elle leur apprend la relaxation, les mouvements lents, coordonnés, en réponse aux stimuli qu'elle imprime tout doucement. Elle répétera chaque jour des exercices soigneusement réfléchis.

Delphine est un beau brin de fille, elle le sait, et sa grossesse l'enchante, car même si son corps se modifie elle peut continuer à s'admirer longuement devant la glace de sa salle de bains chaque jour. À trois mois de grossesse, son petit ventre rond évoque ces femmes gracieuses jouant de leurs longs cheveux et des fleurs qui les tressent dans les tableaux de Botticelli ; à sept mois, elle trouve qu'elle n'a rien à envier au mannequin qui pose pour les yaourts allégés, et dès l'accouchement, elle est rayonnante dans son peignoir blanc, portant tendrement son bébé. Mais ne croyez pas qu'elle ne pense qu'à elle, et à son image. Pendant toute sa grossesse elle a suivi des cours d'haptonomie, elle a consciencieusement massé tous les jours son bébé pendant une demi-heure comme il lui était recommandé. Mais qui est donc ce petit Anatole à qui elle a donné naissance ? Vigoureux, un peu rougeaud, « un beau bébé », disent les puéricultrices ;

elle l'aurait aimé plus menu, plus pâle, mais il est là, poings serrés, sourcils froncés. Dès les premières semaines de vie, c'est un roc : il est impossible de lui détendre les bras, ses jambes sont toniques, raides, sa tête rejetée en arrière lorsqu'il crie. Quand sa mère le prend dans ses bras, elle a l'impression de se débattre avec une statue de granit. Et il pleure, il pleure, comme s'il était né furieux. Il n'y a que dans le bain et dans son sommeil qu'il se détend, qu'il commence à sourire. Delphine ne comprend pas. N'a-t-elle pas tout fait pendant sa grossesse pour qu'il soit souple comme un félin ? Du félin il n'a que les griffes. À vrai dire, elle a rapidement renoncé à s'occuper de lui. Elle est aidée par une jeune fille dans la journée et une puéricultrice la nuit. Elle a mieux à faire. Elle doit retrouver sa ligne, son teint de pêche, ses cheveux dorés. Elle doit partir se reposer, sans le bébé bien sûr, pendant une quinzaine de jours sur la côte. Elle dit naïvement qu'elle est une vraie bonne mère d'offrir à son fils une grossesse de rêve dans un ventre de rêve, puis des personnes tellement plus compétentes qu'elle pour s'en occuper. Elle sera toujours pour lui une image idéale de la femme et lui donnera son temps quand elle sera gaie et fière de lui. Alors Anatole crie et se rebiffe. Dans ce cas, triste, Anatole ne lutte pas longtemps ; rapidement, de guerre lasse, il abandonne ses cris, mais il garde toujours une grande raideur dans son corps et un regard furieux. Peut-être, dans ses rêves, retrouve-t-il avec émotion ces moments où sa mère le réveillait, quand il était dans son ventre, pour lui attraper le pied ou le bras ; Delphine ne sera pas punie par un retard de parole ou des échecs scolaires, Anatole est un gentil petit garçon.

Plus tard, beaucoup plus tard, Delphine ne se pose pas la question de savoir pourquoi il ne choisit que des femmes belles mais futiles, ne se fixant jamais plus de quelques semaines dans des relations amoureuses infantiles, cherchant désespérément dans les femmes qu'il rencontre les reflets d'une mère qui pourrait l'aimer tel qu'il est : rougeaud, coléreux, tendu, égoïste.

Stimulations sensorielles

Se saisissant sans réfléchir des thèmes de réflexion des chercheurs, les médias ont développé la mode des stimulations sensorielles *in utero*.

Il est vrai que le nouveau-né réagit à la voix de sa mère. Des expériences montrent que, pas même âgé de 72 heures, s'il écoute les bruits du cœur maternel ou un enregistrement de sa voix, il tète vigoureusement et activement ; tandis que chaque fois que l'on intercale d'autres voix dans l'enregistrement, il ralentit la succion, ou s'arrête, manifestant ainsi son étonnement.

On sait depuis longtemps que la voix du père gitan est reconnue par le nouveau-né. Dans la culture tsigane le père joue depuis toujours un rôle prépondérant dans l'éducation des petits enfants. Il leur parle et leur joue un air de violon dès le cinquième mois de grossesse : le fœtus mémorise cet air et, des semaines plus tard, le nourrisson peut se calmer lorsqu'il entend ce refrain connu.

C'est ainsi que chaque mère a pu croire qu'elle était capable de développer les sens de son enfant en stimulant les cellules nerveuses très précocement. C'est Mozart *in utero*.

Chaque jour elle fera écouter à son ventre des morceaux choisis du répertoire. Bach, Mozart et Vivaldi feront partie de l'environnement culturel de ce futur musicien, qui apprendra ultérieurement sans peine un instrument lui restituant inconsciemment les heures paisibles de sa vie fœtale. Il existe déjà sur le marché des abonnements à des revues pour nourrissons de trois mois, supposées stimuler leur curiosité et leur intelligence ; l'intérêt financier de développer des enregistrements musicaux ou des livres pour fœtus n'échappera probablement pas longtemps aux milieux commerciaux avides de capter une clientèle nouvelle, d'autant que les futurs parents sont une proie facile, tout devant à l'heure actuelle être mis en œuvre pour fabriquer des superbébés.

Mais si le fœtus est influencé par les « bons » bruits, il l'est aussi par les « mauvais ».

Caroline, 8 ans, passe des heures entières devant la télévision. Sa mère est contrariée mais manque toujours de temps ou d'idées pour proposer d'autres activités. Pourquoi ne pas dire honnêtement que Caroline, repliée sur elle-même devant le petit écran, recherche le souvenir de sa vie fœtale et tente de renouer avec des sensations très anciennes ? En effet, sa mère a été contrainte de s'allonger dès le troisième mois de grossesse. Elle s'ennuyait ferme, et une de ses distractions favorites était de regarder des films à la télévision. À la réflexion, le timbre du son de la télévision est assez homogène et peut, à travers la peau, les muscles, le liquide amniotique, réaliser une toile de fond sonore que le fœtus est capable de reconnaître. Quoi d'étonnant dès lors à ce que Caroline préfère cette ambiance-là au silence de sa chambre calme ?

Pourquoi découvre-t-on tout à coup que la voix de la mère façonne l'environnement du fœtus ? Il est évident que la voix qu'il entend le plus est celle de sa mère, à moins qu'elle ne soit muette. Lorsqu'elle bavarde le soir au dîner avec son mari, lorsqu'elle lit un livre à son aîné avant de le coucher, lorsqu'elle téléphone à sa meilleure amie. Le fœtus fait-il vraiment la différence lorsqu'elle chantonne en repassant son linge et lorsqu'elle s'applique à déchiffrer le livre *Chansons et comptines pour un fœtus* ?

Et chaque fois qu'elle se fâche, qu'est-ce qui gêne le plus les bébés : l'accélération des battements cardiaques, la voix forte de sa mère, les contractions de ses muscles ? Doit-il avoir alors immédiatement après des excuses et des explications repenties suivies d'une petite séance de massages calmants ?

Il vaut mieux agir avec bon sens plutôt que de jouer les apprentis sorciers. La différenciation sensorielle se fait grâce à des stimulations spécifiques qui se complètent entre elles et surviennent à des périodes critiques que nous ne connaissons pas encore. Des résultats contradictoires peuvent être obtenus ; ainsi, des expériences chez l'animal ont montré qu'une stimulation prématurée du système visuel perturbe l'adaptation auditive, en particulier la mémoire auditive. De même, chez le raton, l'ouverture précoce de l'œil diminue la capacité de reconnaissance olfactive. Par contre, l'injection d'extrait de pomme dans l'environnement fœtal induit chez l'animal adulte une préférence marquée pour la pomme. La stimulation musicale précoce et soutenue pendant la grossesse risque davantage de limiter l'enfant dans ses choix que d'en faire un virtuose. Il est peut-être dangereux de pousser au maximum les capacités de plasticité du cerveau.

Et si la musique rap n'était qu'une résurgence du souvenir des battements cardiaques intra-utérins ? Le fœtus entend en permanence les bruits du cœur de sa mère ; ces bruits cessent totalement à la naissance, lui permettant alors de faire d'autres apprentissages. Et lorsque le bébé pleure le soir pour s'endormir, plutôt que de se précipiter dans un magasin de jouets pour acheter une boîte à musique reproduisant les battements cardiaques, il vaudrait mieux réfléchir aux raisons de son chagrin. Hélas, notre société de consommation pousse plus à l'action qu'à la réflexion.

Il faut se méfier, dans ces méthodes, outre le côté commercial, de l'exploitation de la vulnérabilité de la femme enceinte. Au lieu d'en faire une femme qui pense, qui peut se souvenir, les modes la transforment en robot attaché à des activités toutes faites et sont capables de la culpabiliser si elle ne remplit pas le contrat imposé par les médias.

Le fœtus ressent certainement beaucoup de situations. Le vécu de la grossesse sera un des éléments les plus importants pour la mise en place d'interactions entre l'enfant et la mère, rapidement et dans de bonnes conditions. Toutes les situations conflictuelles, difficiles laisseront une marque dans sa mémoire, comme certainement aussi les moments de bonheur, mais il s'agit de processus intangibles.

Au lieu de s'attacher à des actes ponctuels, il vaudrait mieux réfléchir aux affects et à la vie intérieure de la femme, mais n'est-ce pas beaucoup plus inquiétant ? Les méthodes comportementales déplacent les affects sur l'action, rassurent par le fait qu'elies sont contrôlables et évitent de se poser trop de questions. Pourtant, ce qui s'inscrit définitivement dès la vie fœtale, ce sont une relation, des pulsions bonnes ou mauvaises, une tendresse et une affection qui ne se mesurent par aucun paramètre biologique. S'autoriser et reconnaître des mouvements d'humeur, de chagrin, tenter de faire durer une grande joie compensent largement une gestuelle accommodée d'impressions sonores, tactiles, visuelles ; nous n'avons aucune idée de leur retentissement sur le développement du bébé, mais elles ont en tout cas le pouvoir d'éviter à la mère de penser.

Fabrice présentait à l'âge de 9 mois des troubles du

sommeil sous forme de réveils multiples. Il allait à la crèche où il s'était très bien adapté, son comportement dans la journée était parfait. Sa mère était une femme calme, épanouie. Fabrice était le troisième enfant d'un couple uni. Même un interrogatoire minutieux ne permettait pas de retrouver d'élément pouvant expliquer ces troubles. À l'examen, c'était un enfant gai, souriant, calme. L'harmonie familiale ne cachait pas de secrets et, pourtant, Fabrice se réveillait trois ou quatre fois par nuit depuis sa naissance. Au deuxième entretien, j'interrogeai plus longuement la maman sur sa grossesse. Elle me l'avait tout d'abord décrite comme sans problème, facile ; Fabrice était très désiré et aucun souci médical n'avait troublé son déroulement. Je pris le parti de me taire et d'arrêter mes questions. Après un long silence, la maman sembla soudain se souvenir. Son frère était décédé brutalement au troisième mois de la grossesse. Elle était très liée à ce frère avec qui elle avait beaucoup de points communs et cette disparition dramatique l'avait pour la première fois confrontée à une mort très proche. Elle avait dû, en outre, soutenir ses parents et, disait-elle, sa grossesse avait été pour tous un réconfort, preuve tangible que la vie continuait. Sans aucun doute Fabrice avait ressenti cette situation, à la fois le chagrin de sa mère et la demande qui lui était faite d'être un peu un enfant de remplacement. Sans doute craignait-il la nuit de partir dans le sommeil et avait-il besoin de s'assurer de sa maîtrise sur le sommeil par la présence de sa mère ; et sa mère, très inconsciemment, profitait elle aussi de ces réveils pour vérifier la bonne santé de son enfant. Elle n'avait jamais pensé à faire le rapprochement ; elle me dit par la suite avoir eu beaucoup de chagrin après cette consultation, comme si le souvenir de son frère était revenu intact, comme si elle se permettait enfin de faire le deuil de ce frère, comme si elle pouvait rêver de lui, ce qui n'était pas arrivé depuis sa mort. Elle avait un nouveau regard sur Fabrice qui trouva un sommeil plus calme dans les semaines qui suivirent.

Ce fœtus en gestation est déjà investi de pouvoirs. Déjà, si petit, il doit répondre à l'attente que l'on a de lui, se calmer si on le masse, arrêter son hoquet s'il écoute du Bach ; plus tard, il devra faire la preuve de ces connaissances qui ont été inscrites si tôt dans ses cellules. Aujourd'hui l'audition est privilégiée, demain ce sera le goût, et il faudra manger du saumon et du miel à tous les repas pour en faire un gastronome, puis ce sera la vision et on appliquera des arcs-en-ciel sur le ventre de la mère pour affiner ses cellules rétiniennes. N'est-ce pas le programmer, le régimenter, rogner sa liberté ? N'est-ce pas le condamner à décevoir notre attente lorsque plus tard force sera de constater qu'il est un piètre musicien et un élève moyen ? Pourquoi faisons-nous écran à son désir de vivre en le calquant déjà sur un bébé idéalisé ? Ne peut-on au moins pendant ces neuf mois lui offrir le luxe de construire seul ses connexions affectives et nerveuses ? Nous avions programmé Mozart, ce sera peut-être Picasso.

En voulant débuter si tôt les apprentissages, il faut réfléchir au fait que déjà nous l'inscrivons dans un moule et que sans doute nous le banalisons. Il est en route vers la normalisation et, loin d'en faire un génie, nous risquons plutôt d'étouffer une forme de sensibilité qui nous échappe, justement parce qu'elle est rare. Poètes maudits, peintres fous, architectes hallucinés, qui étaient vos mères ?

Au lieu d'agir, encore et toujours, rêvons, rêvons qu'il est Mozart, Picasso, Einstein, ou les trois à la fois. Laissons la place à l'imaginaire, au flou, qui lui donnera plus de chances que des destins préétablis. Rêvons qu'il est Schubert en écoutant les trios pour cordes, rêvons qu'il est Cézanne en nous promenant sur la montagne Sainte-Victoire, rêvons qu'il est Einstein sans rien comprendre à la théorie de la relativité. Rêvons qu'il est les trois à la fois. Le rêve nous porte simplement parce qu'il est confiance et amour. Il s'effacera devant une réalité tellement plus belle ! À la naissance, il est vigoureux, il crie, et le pédiatre nous dit : « Il est parfait, ce petit bébé-là. » Balayés, Schubert, Cézanne et Einstein ; nous avons un bébé et c'est le plus beau nouveau-né de la terre. Il est vigoureux, il crie, il saura bien mener son destin, nous avons une confiance illimitée en lui et nous serons longtemps aveugles et sourds devant un quotidien susceptible de faire taire le cri du premier jour : il est parfait.

3

NAISSANCE : QUELQUES MINUTES POUR DONNER LA VIE

Je ne fus le premier des enfants de mon père
Cinq avant moi longtemps en enfanta ma mère
Deux sont morts au berceau ; aux trois vivants en rien
Semblable je suis, ni d'état, ni de bien.
RONSARD

Pendant l'accouchement, le bébé dort. Voilà une nouvelle qui surprendra beaucoup d'entre vous, et pourtant les enregistrements du cœur et de l'électroencéphalogramme sont formels : l'enfant dort paisiblement jusqu'au moment de l'expulsion. Cette donnée, encore mal connue mais pourtant prouvée, bouleverse quelque peu l'idée que nous avons d'une naissance traumatisante et douloureuse, d'un bébé faisant un effort immense pour pousser son premier cri, d'un petit visage fripé, rouge d'une souffrance partagée avec sa mère.

Le bébé dort. La prison où il se sentait un peu à l'étroit depuis quelques jours est agitée de soubresauts et de tressaillements, mais il y est habitué. Il a été malmené dans l'autobus, tourné et retourné pendant des nuits entières quand sa mère cherchait une position confortable, il a connu les crampes d'estomac, les embarras digestifs, les contractions de la grossesse. Il dort, il rêve peut-être ; sans doute anticipe-t-il le passage. Il se réveille pour faire le grand saut. Sa caverne s'ouvre sur un monde mystérieux de lumières, de bruits, d'odeurs, de contacts. Cela vaut bien un cri de stupeur, d'admiration, de joie, de vie ! Il ne sait pas que ce cri lui permet de déplier ses alvéoles pulmonaires et de respirer, et sans doute est-ce douloureux. Mais instantanément cette fonction vitale se met en place, et, bientôt, il respire calmement. Il se rendort.

Sa mère aussi est calme, émue mais tranquille : elle est sous péridurale. La malédiction ancestrale « Tu enfanteras dans la douleur » n'est plus une vérité éternelle et inévitable.

Un enfant désiré et non subi, un accouchement qui n'est plus le prix à payer pour expier le péché... Les jeunes mères ne réalisent plus la charge négative qui pesait sur la naissance il y a encore bien peu d'années. Le bébé n'a pas toujours été cette merveille attendrissante. Et que celles qui rêvent d'écologie interrogent d'abord leurs mères qui ont maudit ces accouchements interminables. Que celles qui rêvent d'un retour à la nature pensent à toutes les femmes qui aujourd'hui encore souffrent d'une naissance douloureuse, car la péridurale reste un luxe des pays privilégiés, qui a révolutionné les conditions de la naissance, effaçant les résistances même des plus traditionalistes.

La généralisation de la péridurale s'est faite très vite. Elle ne présente pas de risque et presque toutes les maternités de l'Hexagone la pratiquent. Elle est irremplaçable pour les accouchements longs, douloureux. Les accouchements par césarienne ont tout particulièrement bénéficié de cette technique : au lieu d'être endormie, la maman suit le déroulement de la naissance, voit tout de suite son bébé, entend son premier cri et le commentaire du médecin : « C'est un petit garçon, ou une petite fille », confirmant ce que l'échographiste avait annoncé mais qui restait toujours entouré d'un léger doute.

Le père peut assister à l'accouchement, que ce soit par voie basse ou par césarienne, et le lien tissé à ce moment-là avec la mère et l'enfant vient remplacer le cordon ombilical tout juste coupé.

Toutes les mères le disent : la péridurale leur a permis de profiter de l'accouchement, d'y participer activement. Les accouchements sans cette technique sont douloureux. La femme souffre et est centrée sur sa douleur, souhaitant en finir le plus vite possible. Et pourtant, lorsque la douleur est oubliée, elle a une grande joie, une grande fierté : « Comment, j'ai pu faire ça, moi ? » et, alors que quelques heures auparavant elle se jurait de ne plus jamais recommencer, elle est prête à avoir une famille nombreuse.

L'accouchement sous péridurale a modifié la mémoire ancestrale de l'accouchement. Si la grand-mère accourue au chevet de sa fille se souvient de la naissance de celle-ci, les récits qu'elles se feront l'une à l'autre ne réveilleront pas les échos d'une tradition partagée de génération en génération. Je suis frappée de voir, en consultation, que les mères ne racontent plus leur accouchement : autrefois, ce récit occupait une bonne partie de la première visite du nouveau-né ; aujourd'hui, j'ai presque l'impression d'une banalisation. Pourtant, la charge émotive reste très forte et chaque instant de la naissance est gravé dans le cœur de la mère qui, en pensée, revivra souvent ces moments-là.

Ne pas souffrir, garder toute sa présence d'esprit, penser au bébé qui naît ne peuvent qu'enrichir ce temps unique de la naissance. Profitons-en. La mère ne souffre plus, le bébé dort, l'accouchement est devenu un événement presque agréable. Mais, si la femme est en droit aujourd'hui d'être moins inquiète, si elle éprouve désormais un sentiment de sécurité, elle ne doit pas pour autant oublier qu'elle a acquis ce confort grâce aux progrès de la médecine obstétricale et néonatale.

Pendant la grossesse, la jeune femme peut, sans beaucoup de risques, transgresser un peu les recommandations que tous prennent plaisir à lui imposer. Danser toute une soirée avec ses amis, manger trois gâteaux à la crème d'affilée, partir en voyage au sixième mois, faire des petites bêtises dissimulées et personnelles, entorses voluptueuses au code de bonne conduite. Elle préserve ainsi le jardin secret qui donne si bien l'impression d'exister.

Mais il y a un point pour lequel nous, médecins, sommes intransigeants : l'accouchement. La femme a quelques heures pour donner le jour à un être unique, son enfant. Il n'y a ni brouillon, ni essai, ni possibilité de recommencer.

N'oublions pas encore que la mortalité néonatale atteignait 100 à 150 enfants pour 1 000 naissances au XVIIIe siècle. Les progrès de l'hygiène et de la médecine ont fait baisser ces taux effarants, lentement d'abord, de façon accélérée ces dernières années. La mortalité néonatale précoce (entre 0 et 6 jours) est passée en vingt-cinq ans de 14,6 à 3,6 décès pour 1 000 naissances vivantes. Cette baisse de la mortalité est due à une meilleure surveillance de la grossesse, mais surtout à des accouchements sûrs, médicalisés, avec des équipes bien formées et rodées à l'urgence.

Les modes

Que la mode, la recherche de l'article à sensation ne nous ramènent pas cinquante ans en arrière ! Les expériences nouvelles sont parfois de la plus haute fantaisie et elles provoquent la colère des médecins qui prennent en charge les enfants handicapés et qui connaissent trop bien la détresse des parents et la souffrance des enfants dans les services de neurologie infantile.

Car il s'agit bien de modes, par essence éphémères. Ainsi l'accouchement dans la pénombre, en écoutant du Vivaldi, n'a plus l'heur de plaire. Le diagnostic tardif d'une cyanose, d'une insuffisance respiratoire ou d'un ictère motivant l'urgence des soins, l'arrivée du SAMU toutes sirènes hurlantes faisait alors mauvaise impression. Et le bébé intubé, ventilé, perfusé, transporté à l'autre bout de la ville, infligeait à la mère un double traumatisme : celui de savoir son bébé loin d'elle dans un service de réanimation, et la crainte d'avoir perdu du temps. Comment concilier dans son cœur de maman une naissance dite sans violence et la barbarie d'actes de réanimation salvateurs ?

Aujourd'hui, l'accouchement en piscine connaît la faveur des médias. Sommes-nous redevenus poissons ? Rêvons-nous de nos ancêtres millénaires ? Un jour peut-être, il y a quelques millions d'années, nous étions des animaux aquatiques. Est-ce un progrès de l'humanité de retrouver des racines aussi archaïques ?

Malgré les risques encourus et annoncés régulièrement, l'article prévu de longue date dans une revue grand public paraîtra, montrant des piscines aménagées spécialement pour permettre d'accoucher en toute sécurité dans un environnement sophistiqué. Une maman épanouie, un bébé têtard, un accoucheur rayonnant alimentent à travers des photos luxueuses les rêves de la maman timide qui, elle, s'offrira simplement un accouchement sans histoire à l'Assistance publique. Pourtant, il faudra bien le sortir de l'eau ce nouveau-né ! Et ce ne sera ni un bébé nageur, ni un champion de natation. Qui fait plaisir à qui ? La maman est chouchoutée, infantilisée par de telles pratiques. Elle se croit tout à coup un être d'exception. L'accoucheur, sans doute parti d'une idée généreuse, se réjouit d'accueillir les journalistes venus fêter l'événement. Un doute pourtant subsiste pour le médecin de garde qui reçoit banalement les urgences à l'hôpital : quels sont les enjeux commerciaux qui sous-tendent ces pratiques marginales ? Il ne faut pas en mésestimer le rôle.

Et le bébé dans tout cela ? Nous autres, pédiatres, avons la mauvaise habitude de toujours nous intéresser aux bébés. Que pense-t-il ? À quoi lui sert d'avoir, à ce moment précieux entre tous, une mère qui ne pense qu'à l'image qu'elle donne d'elle-même ? Il naît. Il se soucie peu de sortir de l'ordinaire. Il a sa propre vie à mener et aimerait sûrement mieux que l'on se préoccupe de lui plutôt que de la température de l'eau.

Dans certaines maternités, après avoir vérifié par un examen clinique minutieux le bon état général du nouveau-né, on apporte une petite baignoire auprès de la maman et on le baigne avant qu'elle ne le prenne dans ses bras, propre, dans le petit pyjama qu'elle a préparé, lui restituant ainsi le bébé qu'elle a porté pendant neuf mois, lavé, vêtu, rose et sommeillant sur sa poitrine. Mais ce n'est pas sensationnel, c'est humain, et on n'en parle pas.

Quelques semaines plus tard, il est impossible pour le pédiatre de faire la différence entre un bébé né dans une maternité surchargée et un bébé né en piscine. Le développement psychomoteur est parfaitement comparable.

En revanche, un problème surgit tout de suite, que le pédiatre connaît bien et qui risque d'influer sur le développement harmonieux de l'enfant : la maman a trop investi dans un accouchement hors du commun. Elle n'a pas toujours su reconnaître la réalité d'un nourrisson ayant dès la naissance son capital d'exigences et de liberté. Elle vit plus qu'une autre dans le mythe du bébé idéal et la prise de conscience de son enfant réel sera souvent douloureuse.

Mickael est né en piscine. Sa maman l'a allaité pendant six mois, ne l'a jamais confié, ne serait-ce qu'une heure, à sa grand-mère. Elle consulte quand Mickael a un an, pour des troubles graves du sommeil. Il ne dort plus dans la journée, se couche le soir vers 21 heures et se réveille toutes les heures à partir de 1 heure du matin. Cette mère n'est pas seulement très fatiguée par des nuits trop courtes, son visage est figé, sa mise négligée, elle s'effondre dans le fauteuil et n'a plus un seul regard pour son fils qui cherche toutes les bêtises à faire pour se rendre intéressant. Elle ne peut pas parler de Mickael mais se répand en plaintes hypocondriaques la concernant. La maman de Mickael est déprimée depuis plusieurs mois sans pouvoir le reconnaître. Âgée de 38 ans quand Mickael est né, elle a tout abandonné pour son fils. Elle ne travaille plus, ne voit plus ses amies, ne sort plus de chez elle en dehors des courses indispensables. Mais Mickael, qui a déjà un solide bon sens, ne répond pas au surinvestissement qu'elle a fait sur lui, être irréel et modèle. Il mène sa petite existence à des années-lumière de sa mère et tente de le lui faire comprendre en accaparant ses nuits, venant ainsi la sortir de ses rêves. Elle ne peut pas admettre que cet enfant la décourage, et répète sans cesse : « J'ai tout fait pour lui, je lui ai offert le plus bel accouchement, je l'ai allaité des mois, je ne l'ai jamais quitté. » Devant sa grande détresse, je l'ai adressée à un psychothérapeute qui a pris en charge sa dépression et ses difficultés personnelles anciennes. Je l'ai aidée à renouer une bonne relation avec Mickael en lui montrant comme c'était un petit garçon vivant, autonome, dont elle avait, elle, tout à apprendre, au lieu d'en faire un objet conforme à ses idées préconçues.

L'accouchement à la maison trouve lui aussi une place de choix dans les revues spécialisées et fait tendre l'oreille à nos jeunes mamans en quête d'originalité. Certes, nos aïeules mettaient au monde leur enfant dans le lit où elles l'avaient conçu et où elles-mêmes étaient nées. Mais nous n'accoucherons pas dans le lit chargé d'histoire de notre arrière-grand-mère. Ce froufrou mythique de linge brodé à la main, de soleil d'automne filtrant par la fenêtre, de chants d'oiseaux couvrant le premier cri du bébé fait oublier que le lit vient de chez Ikéa, que la cuisine est trop petite pour recevoir le linge souillé, le café du papa anxieux, le déjeuner refroidi du grand frère. L'appartement est exigu, la grand-mère n'est pas là, et la sage-femme n'a pas de coin où se reposer quelques heures en attendant la délivrance.

Nos arrière-grand-mères nous envieraient le confort d'un accouchement à l'hôpital. Elles gardaient un souvenir mitigé de l'agitation, du bruit, des voisines venues aux nouvelles, du père inutile et inquiet, des aînés déroutés et nerveux. Elles se rappelaient surtout leur peur pour elles-mêmes et pour le bébé.

Car accoucher à la maison, c'est prendre des risques pour la mère et pour l'enfant.

Le bien-être physique et psychique du nouveau-né

Dans une grande maternité parisienne, les statistiques sont les suivantes :

— En salle de travail, 10 % des enfants sont soumis à des gestes de réanimation et rejoignent leur mère rapidement ; 3 % des nourrissons sont transférés en service spécialisé ; 7 % des enfants nécessitent des soins particuliers qui, effectués par une équipe pluridisciplinaire bien rodée, permettent de ne pas transférer le nouveau-né et de le laisser près de sa mère à la maternité. C'est donc 20 % des bébés, un sur cinq, qui ont besoin de soins vitaux dès la naissance.

— Les chiffres en suites de couches sont aussi parlants : 50 % des nourrissons justifient de soins qui ne sont pas la simple routine de surveillance du nouveau-né bien portant. Surveillance d'une infection, d'une fièvre maternelle, d'une diarrhée bénigne, d'un ictère. Surveillance des enfants à risque, des petits poids, des mamans sous traitement. C'est grâce à la compétence d'une équipe pluridisciplinaire présente vingt-quatre heures sur vingt-quatre, infirmières, sages-femmes, médecins, biologistes, que le nouveau-né peut rester en toute sécurité auprès de sa maman, dans sa chambre. Souvent la mère ne saura même pas que dans la pièce à côté l'équipe parle de son cas, prévoit des examens, surveille le bébé. S'il s'agit d'une surveillance simple, de routine, chacun aura soin de ne pas inquiéter la maman, si vulnérable dans les jours qui suivent l'accouchement.

Car, outre les compétences techniques, le personnel soignant est de mieux en mieux formé aux impacts psychologiques qui permettent la mise en place d'une bonne relation mère-enfant. Qui aurait pu penser, il y a une dizaine d'années, que dans le congrès d'obstétrique ou de néonatologie, un quart des communications seraient consacrées à l'interaction précoce mère-enfant ?

Qui aurait pu penser qu'une psychologue ou un médecin psychanalyste serait attaché à chaque maternité, à chaque unité de réanimation néonatale ?

Les actes médicaux sont mieux codifiés, le risque vital encouru pour une naissance est moins présent dans l'esprit des soignants. Ils ont donc plus de temps pour réfléchir au confort moral de la mère et de son bébé : on sait de façon certaine aujourd'hui que c'est le lien mère-enfant qui permet au nourrisson de se défendre dans les cas difficiles.

Sophie est née par césarienne, très prématurée. Elle a été immédiatement transférée en réanimation pour détresse respiratoire. Les premiers jours, sa mère ne pouvait se déplacer, elle pleurait beaucoup et craignait de ne pouvoir toucher son bébé pendant de longues semaines. Dès qu'elle put se lever, elle se rendit près de Sophie en réanimation. Elle fondit en larmes en la voyant si petite, si vulnérable avec des perfusions, des tuyaux, des machines, qui enregistraient en permanence le pouls, la respiration, la pression artérielle, l'oxygénation du sang. Une infirmière resta longuement avec elle pour lui expliquer le fonctionnement de tous les appareils, puis lui dit que, puisque les paramètres étaient bons, elle allait débrancher Sophie quelques minutes et la mettre dans les bras de sa maman. Sophie respira seule pour la première fois dans les bras de sa mère, trop émue pour dire un seul mot. En la quittant, l'infirmière, en riant, recommanda vivement à la maman de Sophie de mettre le lendemain un chemisier pour sentir Sophie contre sa peau. En quelques jours, l'état clinique de Sophie s'améliora, elle put passer en service de pédiatrie et progressivement quitter tous ces fils qui l'attachaient à la vie.

Ce sont ces compétences psychologiques que la médecine de demain développera en priorité. Le grand problème est que cette approche du soin au nouveau-né et à sa mère nécessite un personnel nombreux et bien formé car, avant de s'attacher à la psychologie du bébé, le soin médical est privilégié, et chacun connaît la difficulté, parfois, de trouver dans les couloirs de l'hôpital une infirmière ou un médecin. Pourtant, que de journées d'hospitalisation pourraient être ainsi évitées !

Ces notions modernes n'ayant pas encore franchi la porte des universités, un temps de formation spécifique est prévu pour le personnel pendant ses heures de présence, mais il est trop souvent négligé, et seules celles qui se sentent attirées par cette nouvelle approche prennent sur leur temps personnel pour se former. C'est pourquoi on entend encore trop souvent des phrases assassines qui vont aussi se graver dans la mémoire de la mère lorsqu'on la brusque parce qu'elle n'est pas assez rapide avec son bébé ou qu'elle hésite à l'allaiter, ou qu'elle pose trop de questions. Que de fois résonne ce genre de remarque désobligeante : « Ah ! la mère du six, qu'elle est casse-pieds ! D'ailleurs, son bébé pleure tout le temps, elle verra bien quand elle sera à la maison ! »

Pourtant, c'est au prix d'une sensibilisation de tous que l'on obtiendra une médecine de grande qualité et que l'on éloignera la tentation de méthodes d'accouchement marginales.

Les revues médicales ne donnent jamais de statistiques sur les accouchements « hors normes », peut-être parce qu'ils restent l'exception, contrairement à l'impression qu'en donnent certaines revues. Sans doute la plupart d'entre eux se passent-ils bien, les mères qui les choisissent n'ayant pas de problèmes. Mais il faut entendre la colère des médecins du SAMU lorsqu'ils sauvent au prix d'une haute technicité et de longues heures de garde un bébé qui a trop attendu les soins, ou qui est né dans des conditions qu'ils qualifient de folkloriques.

À propos de folklore, le voilà lui aussi mis à l'honneur dans les magazines. C'est semble-t-il un bon argument de vente. À travers de belles photos nous nous surprenons à rêver d'accouchements en Afrique ou en Amérique latine, d'un retour aux traditions. Femmes accroupies, à quatre pattes, potions et tisanes, crèmes à base de fleurs ou de poudre de crapaud, linge blanchi à la fontaine sacrée, perles dans l'oreille et caillou dans la bouche... qu'on se le dise : toutes ces pratiques coutumières sont là pour pallier, souvent avec bon sens, les risques de l'événement le plus grave de toute la vie, la naissance, risques que justement la médecine moderne a presque fait disparaître. Tiens, d'ailleurs, il n'y a aucun exemple de tradition faisant accoucher les femmes dans l'eau...

Quand l'enfant est né et vivant, que penser de phrases du genre : « Le nouveau-né est lavé avec de la bière de mil, puis posé sur le sol et recouvert de sable pour le faire communier avec la terre. Une femme du village lui manipule la langue pour lui éviter de devenir muet et lui souffle dans les oreilles pour lui éviter d'être sourd » ?

La femme africaine vivant en France a bien compris l'enjeu de la naissance. Elle préfère accoucher à l'hôpital, car elle connaît trop le chagrin de perdre un ou plusieurs enfants dès la naissance. Les maternités des hôpitaux publics ont d'ailleurs évolué et sont sensibilisées à ces problèmes. Certaines d'entre elles préservent les rites africains à condition qu'ils ne portent pas préjudice à la mère ou à l'enfant. Elles reconnaissent ainsi l'importance des habitudes ancestrales au moment de la naissance, tout en offrant la sécurité technique des hôpitaux modernes. Le confort psychologique qui en découle favorise le bon déroulement du processus.

« Venir au monde » : quelle belle expression pour l'acte le plus important de la vie ! Ne jouons pas. Sachons être mieux que raisonnable : responsable. Il s'agit bien de devenir adulte, capable de prendre des responsabilités de mère de famille, de chef de famille aussi, le père étant partie prenante à la naissance. Sa présence rassure, réconforte, à condition qu'il ne se sente pas obligé d'accomplir certains gestes contre son gré. Il n'a pas eu neuf mois, comme sa femme, pour sentir la vie de l'enfant. Il peut être prêt physiquement mais pas intellectuellement. L'émotion provoquée par l'accouchement, la souffrance et le plaisir intimement mêlés lui révéleront souvent d'un seul coup son rôle et ses responsabilités. Mais il faut lui pardonner sa timidité, sa maladresse, ou son besoin urgent de retourner au bureau pour signer son courrier. S'il se croit obligé de paraître un père moderne, sans avoir eu le temps de s'habituer aux sentiments contradictoires qui l'agitent, comment pourra-t-il être le soutien de sa femme quand elle en aura besoin ?

Mme Barnoux consulte pour les colères violentes, inexplicables, de son fils, qui s'agrémentent souvent de spasmes du sanglot qui l'angoissent même si elle a été rassurée par son médecin. Elle ne comprend pas l'origine de ces troubles : elle a une vie bien organisée et semble solide psychologiquement. Pourtant, elle a un souvenir qui la poursuit et la culpabilise chaque fois qu'elle aborde les difficultés de son fils. À la naissance, son mari était en voyage, ce qui les a tous deux bien déçus. L'accouchement a été long et pénible, et quand la sage-femme lui a mis son bébé sur le ventre, juste après l'accouchement, épuisée, elle a été prise d'une grande panique et a crié : « Enlevez-le. » Elle s'est fait vertement réprimander par la sage-femme qui l'a obligée à garder le nouveau-né contre elle. Elle a alors ressenti un grand vide et une solitude immense. Et elle n'a jamais osé raconter cet épisode douloureux à son mari. Elle craint depuis lors d'être une mauvaise mère, surprotégeant son enfant et cédant à tous ses caprices. Il en profite et exprime par ses colères son désir de ne pas se soumettre à l'affection envahissante de sa mère qui masque mal son angoisse.

Rien n'est jamais acquis dans les conduites humaines, chaque cas est particulier et il n'y a pas de règle. Dans les bonnes maternités et pour tous ceux qui entourent la maman et son nouveau-né durant les premiers jours, la seule règle est de peser ses mots, de ne porter aucun jugement, de n'avoir aucun à priori, et d'être à l'écoute du dit et du non-dit.

Mais la leçon d'une naissance est beaucoup plus simple. Chaque jour naissent des dizaines de bébés, les mamans sont heureuses, les papas attendris et maladroits.

La naissance est un moment normal de la vie d'une femme. La venue au monde d'un enfant suscite des joies, des peines, des questions que toutes les femmes ont connues, de toute éternité. Nous sommes un minuscule maillon d'une humanité immense.

L'exceptionnel, c'est que notre enfant est unique car porteur de l'aventure familiale, d'une culture, d'une réflexion sur la vie, l'amour, la mort.

L'exceptionnel, c'est notre pensée, qui est l'aboutissement d'un cheminement complexe et personnel. Nous l'offrons en cadeau à notre enfant et imprimons en lui le sceau familial enrichi d'une double histoire : celle de son père, celle de sa mère.

4

L'ENFANT SOURIT, L'ENFANT MARCHE, L'ENFANT PARLE

Viens ! oh ! viens voyager dans les rêves
Au-delà du possible, au-delà du connu.
BAUDELAIRE

Petit nouveau-né, profite bien de ces premiers mois ! Ce seront peut-être les seuls où tu pourras imposer tes rythmes, tes faims, tes pleurs. Tu as beaucoup à faire avec ta maman et les journées passent trop vite pour qu'elle envisage autre chose qu'un quart d'heure au square le jour où tu as été particulièrement sage. Ce temps, il est pour toi, elle te le donne, même si elle trouve les nuits trop courtes et les journées harassantes. Tu souris aux anges dans ton sommeil, tu essaies tes premières vocalises, tu es attendrissant quand tu es calme et repu après la tétée, tu exposes fièrement ton corps dodu nu dans le bain, et ta maman ne se lasse pas de compter tes orteils et de nettoyer soigneusement ta petite oreille. Tu es parfait, elle te pardonne tout.

Tu as beaucoup à apprendre et tu en as tellement envie. Les repas, les changes, la toilette, les câlins rythment la journée et laissent tout juste le temps d'un petit somme entre deux biberons. Tu aimes tout de suite communiquer et tes premiers sourires établissent le lien avec ta maman. Tu comprends seul que le monde est plus grand si tu tiens ta tête droite et tu peux ainsi voir ton papa quand il rentre. Tu trouves amusant de bouger tes mains devant tes yeux, c'est comme des ombres chinoises qui s'animent. Tu apprends très vite que, si tu es trop impatient pour ton biberon, si tu cries pendant deux heures tous les soirs, ta maman est fatiguée, inquiète, tendue, et quand elle a envie de pleurer c'est toi qui es malheureux.

Tu découvres qu'au calme dans ton berceau tu peux rêver, dormir, regarder le plafond ou les motifs de ton drap, ramper un peu pour sentir le contact de ton nounours sur ta joue. Tu as du mal à expliquer aux grandes personnes que tu as besoin de calme. Pour t'aider, je te donnerai un argument scientifique.

Les rythmes du nourrisson

Assez rapidement pendant la vie intra-utérine, à 20 semaines, le fœtus différencie deux stades de vigilance, la veille et le sommeil. Puis le sommeil lui-même se différencie en sommeil agité et sommeil calme. Ces deux stades vont persister quelque temps après la naissance pour s'organiser peu à peu en plusieurs cycles. Beaucoup d'arguments font penser que le sommeil agité correspond à une période de rêves. Tandis que le sommeil profond permet de reprendre des forces, le rêve engrange les informations reçues, les transforme, joue des souvenirs et de la mémoire, libère des énergies insoupçonnées, permet de diminuer les tensions et d'aborder plus détendu une nouvelle journée.

Le nourrisson, après la naissance, s'endort en sommeil agité ; à ce moment-là, il a des petits mouvements incessants du visage ou des extrémités, il grimace, grogne, couine ou tète sa langue, ses yeux sont animés de mouvements rapides et sont parfois entrouverts, sa respiration est irrégulière. C'est le moment où il mémorise ce qui vient de se passer, les bruits, les couleurs, les mouvements. Il a besoin de ranger ces impressions dans son inconscient, complétant les informations déjà reçues pour organiser sa pensée. Par exemple, si sa maman vient de le coucher dans son lit, il s'endort en rêvant d'elle, il pense à elle et à tous les moments précédents qu'il a passés avec elle. Plus tard, quand il sera grand, il pourra plus facilement se séparer de sa mère, comprendre qu'elle revient toujours, car il en a une bonne image intérieure. Il a mis sa mère en mémoire, il peut s'en souvenir, la faire revenir en pensée lorsqu'il est seul ou inquiet.

Le nourrisson a besoin de sommeil agité mais, si ses parents se penchent sur le berceau, ils ont l'impression qu'il ne dort pas : il s'agite, il a les yeux mi-clos. Ils le reprennent, le stimulent, lui offrent de nouveau mille sensations nouvelles, à lui qui ne connaît encore rien au monde, informations qu'il devra encore mémoriser. Il aura un sommeil agité, désorganisé, insuffisant, car dans tous les cas il privilégie le sommeil profond dont il ne peut se passer, indispensable pour sa croissance, certaines sécrétions hormonales, la restitution d'un stock d'énergie disponible. Sur une journée de vingt-quatre heures, les périodes de sommeil calme sont constantes ; par contre, les périodes de sommeil agité sont raccourcies si le nourrisson reste longtemps éveillé. Croyant bien faire et le rendre plus intelligent en le stimulant sans cesse, les parents obtiennent le résultat inverse : le bébé morcelle son sommeil, désorganise sa pensée. Ce sont ces nourrissons vifs, toujours en éveil, qui bougent sans arrêt et qui pleurent aussi beaucoup.

À chaque consultation, les parents de Jérémie se plaignent de ses pleurs, de ses cris, de son agitation permanente. Ils me demandent des remèdes, des médicaments, des trucs pour le calmer, mais n'écoutent pas vraiment mes conseils de le laisser au calme dans son berceau, d'accepter qu'il pleure un peu pour s'endormir. Je leur demande de raconter leur journée. Jérémie dort dans un coin du studio qu'ils ont aménagé en petite chambre mais que seul un paravent sépare du reste de la pièce. La mère de Jérémie est en réalité très anxieuse et surveille son fils toutes les cinq minutes, surtout si elle ne l'entend pas pleurer. Dès qu'elle le voit s'agiter un peu, entrouvrir les yeux, elle le prend dans ses bras, craignant qu'il ait soif ou qu'il soit sale, ou qu'il recommence à pleurer. Aussitôt, elle fait tourner la boîte à musique, l'installe pour lui lire les premiers livres de bébé qu'elle vient de découvrir et qui prétendent dès l'âge de 3 mois faire découvrir aux bébés les joies de la lecture. Elle met un disque, améliore ses vocalises pour lui donner le goût de la parole, lui place toutes sortes de hochets dans les mains pour qu'il les agite et crée lui-même les sons, reconnaisse les formes, découvre les couleurs...

Et le pauvre Jérémie aurait bien voulu dormir ! Il n'en peut plus de cette activité permanente. Il commence par s'agiter puis pleurnicher. Sa maman essaye alors de le recoucher mais son cycle physiologique est dépassé, il se met invariablement à hurler, induisant chez sa mère un réflexe de colère et d'exaspération. Il finit par s'endormir, mais il engrange dans ses rêves la tension et le rejet alors que sa mère pensait déjà lui apprendre les formes et les couleurs ! Car le petit nourrisson est plus sensible aux impressions qu'aux apprentissages, et il est avide de capter tous les mouvements d'humeur de sa mère qui, par ses comportements anxieux, agités ou irréguliers, lui transmet une instabilité. Jérémie ne peut plus s'endormir qu'en hurlant.

L'explication scientifique des cycles de sommeil du

nourrisson et l'aide du père, agacé par les permanentes exigences de performances de sa femme, ont contribué à rétablir une relation plus sereine entre la maman et son fils ; elle a compris peu à peu qu'une affection simple, naturelle, des sourires et des arreuh apportaient plus à Jérémie que des livres et des boîtes à musique ; elle a pris un peu de temps pour réfléchir aux raisons de son anxiété personnelle, de son désir de perfection, et elle en a parlé avec son mari. Jérémie a retrouvé le sommeil, il est plus calme et sa maman peut de nouveau intégrer une position maternante satisfaisante, loin des succès intellectuels.

Entre 2 et 5 mois, le bébé apprend à reconnaître le jour et la nuit, à écouter les bruits de la maison qui annoncent la préparation du déjeuner ou le retour du père. Il peut patienter en attendant son repas et rester calme dans son lit alors qu'il n'a pas sommeil. La mise en place des rythmes fondamentaux se fait progressivement dans la première année. Ils concernent le rythme veille-sommeil, la sensation de faim et le rythme des repas, mais aussi le rythme des sécrétions hormonales (cortisol, hormone de croissance, hormone thyroïdienne...). Ces rythmes sont inscrits en nous de façon génétique. Pour le sommeil, par exemple, nous sommes génétiquement prédestinés à être de gros ou de petits dormeurs, des lève-tôt ou des couche-tard. De même, à ration alimentaire et appétit égaux, certains bébés seront grassouillets, tandis que d'autres resteront maigrichons.

Le mode de vie se greffe sur ces facteurs innés, contraint les habitudes physiologiques, et permet la vie en société. La très grande majorité de la population a des besoins compatibles avec une organisation sur la journée autorisant des repas à une heure régulière, des moments d'activité pendant les heures d'ouverture des bureaux et un sommeil récupérateur pendant la nuit.

Voici une curiosité et complication de la vie : la plupart des individus répondent génétiquement à un rythme de vingt-cinq heures. Les expériences d'isolement temporel le montrent : lorsqu'un sujet fait un séjour prolongé dans une grotte ou dans une pièce fermée, sans lumière naturelle, sans heure, sans contact avec l'extérieur, il modifie ses rythmes fondamentaux ; peu à peu, ses rythmes de sommeil, de repas, d'activité ou de repos intellectuel se décalent et s'organisent en des journées stables de vingt-cinq heures. La mesure des sécrétions hormonales confirme ces données. On estime que 80 % de la population répond à ce rythme de vingt-cinq heures.

Le bébé naît donc ainsi. Il n'a pas encore de rythme régulier, ce qui donne cette impression d'un nourrisson fantasque et imprévisible qui confond le jour et la nuit. Mais toute l'organisation de la vie sociale repose sur un rythme de vingt-quatre heures qui s'est mis en place pour conserver une cohérence entre les heures de lumière et d'obscurité. En dehors des régulateurs internes existent des synchronisateurs externes : ce sont les horaires de repas, l'aternance jour-nuit, le réveil matinal, les contraintes sociales, heures d'école, de crèche, d'ouverture des magasins, cloches de l'église du village, lumières qui s'allument dans les maisons ou sur la voie publique. Ces synchronisateurs externes sont puissants et permettent à l'organisme d'adapter ses rythmes fondamentaux. C'est aussi la raison pour laquelle nous avons tellement besoin de notre montre, objet inséparable qui fait partie de nous-même et nous rappelle à l'ordre.

Le nouveau-né n'a pas de montre, et il n'est pas à notre rythme. D'elle-même, la maman intuitive agit par petites touches impressionnistes, modifiant à la fois son rythme et celui de son bébé, s'adaptant à la nouvelle réalité d'une vie avec un enfant, conduisant peu à peu son nourrisson vers des horaires réguliers. D'elle-même, elle fait la part entre les conseils de la grand-mère qui impose de réveiller son petit-fils toutes les trois heures et ses amies qui lui disent de laisser son bébé libre de ses horaires. Elle prolongera d'une demi-heure la promenade, retardera le bain, donnera quelques cuillerées de compote entre deux tétées, ne se précipitera plus la nuit au premier couinement, tentera de le rendormir contre elle au petit matin. Elle accepte (ou s'inquiète) des rechutes, les semaines noires où bébé se réveille de nouveau la nuit, les jours où il est grognon parce qu'il a encore un petit creux en fin de journée. La vie avec un enfant ne sera plus jamais comme avant. Chacun fait un effort pour qu'elle soit le plus agréable possible, et le petit bébé met beaucoup du sien pour faire plaisir à sa mère.

Entre le deuxième et le quatrième mois, le nourrisson s'est habitué à manger à des heures régulières, à dormir la nuit, à profiter de la fin de journée pour prendre son bain en attendant le retour de son père. Il renonce à pleurnicher pour montrer à ses parents comme c'est difficile de n'avoir ni faim ni sommeil, de ne savoir comment s'occuper tout en étant fatigué d'être dans les bras. Il rit et il gazouille plutôt que de répondre par des pleurs au questionnement silencieux et inquiet de ses parents qui ne comprennent rien à cette java du soir.

La tendance aujourd'hui est d'oublier que l'instinct maternel est le meilleur conseiller. Sinon, comment comprendre que l'humanité ait tant progressé ? Autrefois, les mères ne vivaient pas le nez plongé dans les livres de psychologie ou les catalogues Fischer Price ! C'est bien cet instinct, autrefois ravivé par les conseils des grand-mères, aujourd'hui valorisé par ceux du pédiatre, qui permet au bout de quelques semaines d'organiser une vie familiale cohérente.

Les mamans transgressent d'elles-mêmes la règle de ces dernières années, encore en vigueur, de laisser le bébé libre de ses horaires, « à la demande », sans toutefois leur imposer la rigueur des biberons toutes les trois heures et des hurlements nocturnes. Car les nourrissons très irréguliers sont difficiles. Ce sont des enfants qui pleurent beaucoup car ils ne sont jamais en phase et, par là même, ils sont moins gratifiants ; l'échange mère-enfant se fait moins bien car le bébé est toujours à contretemps et, même si sa maman est très disponible, elle finit par se lasser de devoir donner une tétée juste au moment où elle devait sortir, ou de l'entendre pleurer quand elle fait faire les devoirs des aînés, ou de lui donner son bain alors qu'elle s'est enfin décidée à faire le repassage.

Ce qui se noue entre la mère et son enfant est si intime, si mystérieux, si fondamental que nul ne se risque à des interprétations rapides. Certes, les livres donnent quelques recettes : avant le bain, préparez du linge propre, vérifiez la température de l'eau, ne vous inquiétez pas si bébé pleure, il s'habituera... comme si on avait déjà vu une mère saine d'esprit plonger son nouveau-né dans l'eau bouillante ou glacée, l'oublier dans la baignoire pour répondre au téléphone, le coucher sans le rhabiller ! Le pédiatre est très sollicité : « Il dort six heures d'affilée, est-ce grave ? » « Je n'arrive pas à calmer son hoquet, que faire ? » « Ne trouvez-vous pas qu'il louche ? » Il a vu tant de nourrissons, il sait bien que celui-ci est aussi normal que possible, et pourtant il guide, il rassure, il conseille. Son rôle est important car il favorise une relation mère-enfant stable, confiante, et, surtout, il a devant lui deux individus distincts, avec déjà leur personnalité et leurs espoirs, et ses conseils sont adaptés à chaque cas, contrairement aux modes d'emploi des livres de puériculture.

La reprise du travail de la mère. La crèche

Les premiers mois de la vie du bébé passent comme une grande vague. Bousculant sur son passage les idées préconçues, elle gronde à marée montante de flots débordants, incontrôlables, inquiétants souvent. Tandis qu'à marée basse, quand le grand vent de mer est tombé, la vague, calme, apaisée, apporte la sérénité d'une respiration qui semble immuable.

Mais, hélas, les congés de maternité sont de deux mois et demi, et les rouages administratifs de la Sécurité sociale s'intéressent peu aux nourrissons et à la mise en place d'une relation mère-enfant de bonne qualité.

Alors que Julie répond par un sourire au sourire de sa mère, et essaie par les premiers gazouillis de répéter les mots tendres qu'elle lui chuchote, Nathalie doit reprendre son activité professionnelle.

Julie mange bien, grossit régulièrement, elle fait des nuits complètes et sa maman se détend, profite de ses moments de veille pour jouer avec elle, l'emmener au jardin ou essayer des changements de régime alimentaire. La vie quotidienne s'organise et la famille commence à exister. Serge rentre plus tôt pour retrouver son bébé et parce que sa femme prend de nouveau soin de lui. Nathalie l'avait bien délaissé pendant ces derniers mois, consacrés exclusivement à son nouveau-né ! Les parents, rassurés, laissent de temps en temps Julie à une baby-sitter pour s'offrir une soirée tous les deux comme avant.

Nathalie reprend contact avec le reste du monde, renoue avec sa vie antérieure. Quelques arrêts de travail ayant jalonné sa grossesse, elle a mauvaise conscience. Elle craint de perdre une bonne situation et de se voir confier un travail moins intéressant. La conjoncture économique lui fait redouter un licenciement : or, un enfant coûte cher, ce n'est plus le moment de prendre des risques, elle se sent beaucoup plus responsable.

Nathalie va donc reprendre sa vie professionnelle. Elle est confiante. Julie est sevrée, elle a accepté sans difficulté d'être gardée, nourrie, changée par les grand-mères et la jeune voisine. Pendant sa grossesse, Nathalie a longuement réfléchi aux possibilités de la faire garder. Elle s'est renseignée auprès des crèches, des nourrices. Elle a envisagé une garde à la maison. Chaque solution a ses avantages et ses inconvénients et le choix est difficile.

Prévoyante, elle avait inscrit son bébé dans la crèche la plus proche de son domicile dès le début de la grossesse. Une place lui est réservée. Les dés sont jetés : Julie ira en crèche.

À 3 mois, Julie s'adapte facilement à la crèche. Bien sûr, elle est un peu plus grognon la première semaine, pleure en arrivant, et fait quelques caprices le soir. N'est-ce pas bon signe ? Heureusement, ce n'est pas un petit paquet que Nathalie dépose le matin ! Ses réactions de mauvaise humeur prouvent qu'elle est déjà attentive et tient à manifester à sa mère qu'elle regrette qu'elle ait repris son travail. Mais ses sourires et son solide appétit à la crèche montrent qu'elle s'adapte bien, et elle sera plus épanouie si sa maman trouve des satisfactions dans son travail à l'extérieur et passe un bon moment avec elle, le soir.

La période d'adaptation à la crèche permet à la maman et à son bébé de s'habituer à la séparation. Sa durée, variable, dépend de l'anxiété maternelle et de la capacité du bébé à accepter un nouveau mode de vie. Certains enfants sont très sociables alors que d'autres sont dès l'âge de 3 mois de vrais sauvageons. Ce n'est pas seulement la maman qui induit des comportements de crainte ou des difficultés d'adaptation : le nourrisson a déjà une personnalité qu'il entend bien affirmer. Il n'y a pas de règles strictes et intransigeantes, il faut regarder vivre son enfant et composer avec son comportement habituel, l'âge auquel la séparation se fait, son mode de vie.

Caroline a renoncé à la période d'adaptation pour sa fille Céline. Elle préfère rester quinze jours de plus à la campagne chez ses parents qui l'aident, lui donnent de petits conseils, tandis que Céline fait la joie de ses cousins qui la chahutent gaiement. Caroline se repose, profite de cette période heureuse pour sevrer tranquillement son bébé avant de reprendre son métier d'avocate. Pour la reprise de son travail, elle a prévu de rester le mercredi après-midi à la maison et de sortir assez tôt certains soirs, quitte à ramener quelques dossiers chez elle.

Quarante-huit heures avant la date fatidique, Caroline présente Céline à la crèche, proposant de venir le lendemain pour le repas, puis de la laisser toute la journée. Que ne fait-elle pas ! Voilà qu'elle sort de la norme : la période d'adaptation n'a pas été inventée pour les chiens ! La directrice menace d'exclure immédiatement Céline de la crèche. La maman tient bon mais, pendant quelques semaines, elle doit essuyer des reproches à tout moment, elle est qualifiée d'indomptable et épiée dans ses comportements. Ses capacités d'être une bonne mère sont mises en doute, car elle ne s'est pas pliée aux règles érigées par une directrice toute-puissante. Céline est une petite fille vive et gaie, elle emporte la sympathie des puéricultrices tant elle est sociable et fait oublier les tumultes de son arrivée à la crèche. Caroline réagit avec beaucoup d'humour, laissant passer la tempête et ne remettant pas une seule seconde en doute ses capacités à élever son enfant comme elle l'entend.

Lorsque les enfants sont gardés en nourrice, la période d'adaptation est beaucoup plus souple. Les mamans passent une heure ou deux avec la nourrice, s'organisent pour faire de petites journées au début et prendre du temps pour bavarder en venant rechercher leur enfant ; la confiance étant établie, tout se passe bien. Les enfants en nourrice sont-ils pour autant traumatisés par cette aimable anarchie ?

La crèche est le premier apprentissage de la vie en société. Le nouvel arrivant pourra conserver quelques jours ses habitudes, mais il devra se plier rapidement aux horaires de ses nouveaux compagnons. Le travail patient que la maman a accompli en quelques mois pour amener son enfant à quatre repas, deux ou trois siestes quotidiennes et des périodes régulières de repos éveillé et de jeu actif est souvent réduit à la crèche à cette fameuse période d'adaptation dont le bébé doit ressortir avec la médaille d'or du parfait petit créchard.

Les places étant rares, la crèche exerce un pouvoir incontestable sur les parents. Les puéricultrices, fortes de leur compétence et de leur gentillesse, vont amener le petit enfant à se plier aux règles de la collectivité. Il est en effet indispensable que le rythme de repos et de veille des enfants soit compatible avec une vie en groupe : comment imaginer dix bébés dans la même pièce vivant chacun à son rythme ?

L'enfant accepte les contraintes lorsqu'elles sont dictées par des personnes étrangères à son milieu familial. Il est malin et comprend vite qu'il a tout intérêt à être calme et souriant pour capter l'attention des puéricultrices et recevoir en échange affection et câlins. Mais cela implique qu'il entre dans un moule, qu'il soit conforme aux autres bébés de la crèche, qu'il accepte les règles sans mauvaise volonté.

Si le petit enfant peut attendre sans trop de problèmes une demi-heure pour prendre son repas de midi ou son goûter, il n'en est pas de même pour le sommeil. Ainsi Julie, à 8 mois, dort trois heures à la sieste et reste active et gaie tout le reste de la journée, tandis que Paul, au même âge, a encore besoin de trois petits sommes quotidiens. Julie, en rentrant de la crèche en fin d'après-midi, est grognon car il lui manque chaque jour une heure de sommeil et, sitôt arrivée à la maison, elle s'endort, alors que sa maman a bien envie de s'occuper d'elle et d'en profiter après une journée passée loin d'elle. Tandis que Paul, survolté en permanence car il n'a dormi qu'une heure en début d'après-midi, tient le coup en maintenant une activité fébrile et désordonnée.

Les directrices de crèche sont conscientes que le sommeil à la crèche est un réel problème entre 8 et 18 mois, d'autant que les locaux sont rarement adaptés. Il n'y a pas toujours, loin s'en faut, de pièce séparée pour le repos, et l'insonorisation des crèches a souvent été négligée par les constructeurs qui préfèrent investir dans une architecture intérieure flatteuse pour les yeux mais catastrophique pour les oreilles des enfants, soumis en permanence à une agression sonore épuisante. Dans la même section, les besoins du nourrisson de 3 mois et ceux du petit enfant de 15 mois sont bien différents !

Pour pallier ces inconvénients, la plupart des crèches ont instauré des « cahiers de vie » ou « carnets de route ». Les heures de sommeil, de repas, d'activité y sont inscrites en couleurs différentes. En principe, ce cahier aide les parents à retrouver pendant le week-end les rythmes de la crèche et, inversement, les puéricultrices peuvent s'adapter à un enfant ayant des habitudes plus fantaisistes. Instaurés à titre expérimental dans quelques crèches pour étudier le comportement des nourrissons, ces cahiers se sont généralisés. Sans doute utiles au début, ils instaurent rapidement un mode de fonctionnement rigide : les parents se croyant obligés de suivre les habitudes de la crèche, ils perdent une spontanéité et un regard bienveillant sur leur enfant qui n'est plus un être unique mais un nourrisson comme les autres.

Conscients d'être privilégiés, les parents subissent l'autorité de la crèche comme une mise sous tutelle. Ils n'osent rien critiquer et pensent qu'ils ont tort lorsque spontanément ils auraient tendance à proposer à leur enfant un mode de vie différent. Les puéricultrices ont vu passer tellement d'enfants ! Elles ont l'habitude de tous les petits troubles transitoires du développement, elles aiment donner des conseils et pensent détenir la vérité. Et les parents tentent de reproduire à la maison le mode de vie de la crèche pour ne pas risquer de perturber leur enfant pendant les week-ends, se privant eux-mêmes et frustrant leur bébé d'une bouffée d'oxygène et d'une pincée de liberté.

Les rythmes personnels du nourrisson sont mieux préservés chez une nourrice si celle-ci ne garde pas trop d'enfants d'âge différent dans un logement exigu. C'est un élément qui devrait être pris en compte lorsque les parents réfléchissent au mode de garde. Malheureusement, il est si difficile d'avoir une place en crèche que, lorsque les mamans en ont une, elles ne peuvent remettre leur choix en question ; à 3 ou 4 mois, il est encore trop tôt pour pouvoir déceler tel ou tel trait de caractère qui permettrait de choisir le meilleur mode de garde, à supposer qu'un large éventail de possibilités s'offre à la maman, ce qui n'est évidemment pas le cas.

Élise était restée avec sa maman jusqu'à l'âge de 8 mois. Elles vivaient toutes les deux en parfaite harmonie. Véra était une femme timide, discrète, fragile, qui aimait vivre dans le plus grand calme et n'élevait jamais la voix. Élise n'avait posé jusque-là aucun problème. Sa santé était excellente et c'était une petite fille gaie et active. Lorsque Véra reprit son travail, Élise alla à la crèche où sa place était retenue depuis plusieurs mois. Véra eut besoin d'une longue adaptation, car elle sentait qu'elle aurait du mal à se détacher de sa fille. Tout se passa bien jusqu'au moment où Élise fit des journées complètes. Elle commença alors à vomir chaque jour. Les médecins pensèrent à une gastro-entérite virale, puis à un reflux gastro-œsophagien. De nombreux traitements furent essayés : Élise continuait à vomir. Les examens complémentaires, prise de sang, radios, ne furent d'aucune aide au diagnostic. Lorsque j'évoquai pour la première fois avec les parents un trouble de l'adaptation à la crèche, la maman sortit de ses gonds et se fâcha : « C'est impossible, me dit-elle, j'ai préparé Élise depuis longtemps à cette éventualité. La crèche est le seul mode de garde que je puisse envisager pour ma fille. J'ai choisi la meilleure crèche du quartier et toute l'équipe m'entoure et me conseille. D'ailleurs Élise ne pleure jamais en y allant, elle participe aux activités, elle est très épanouie. — Seulement, elle vomit tous les jours sans raison médicale décelable. — Ce n'est pas vrai, c'est simplement que la médecine est incapable de déceler le trouble de ma fille. »

Je ne revis jamais Véra qui n'avait pas pu supporter mon intervention, mais j'eus des nouvelles par la crèche. Élise avait continué à vomir, puis elle avait perdu du poids et une hospitalisation avait été décidée. Encore une fois tous les examens restèrent négatifs, mais cette fois la psychologue du service parla longuement à Véra et parvint à lui faire entendre raison. Élise au plus profond d'elle-même ne pouvait supporter la crèche, elle la vomissait littéralement ; il fallait trouver un autre mode de garde. Véra, traumatisée, décida d'arrêter son travail jusqu'à ce que sa fille entre à l'école.

Si cette maman avait été aidée dans ses choix et avait pu peser les avantages des autres modes de garde, il est certain qu'Élise ne serait pas allée si loin dans ses manifestations de rejet. Mais Élise avait une place en crèche depuis des mois, sa mère se sentait incapable de partager sa fille avec une autre personne et aurait eu le sentiment d'être en compétition permanente avec une nourrice ou une jeune femme qui garderait Élise à la maison. Élise, elle, était incapable de s'adapter au bruit, aux contraintes de temps et d'espace de la crèche, à une prise en charge par plusieurs personnes. C'était trop éloigné du mode de vie paisible, dans un cocon, qu'elle avait connu jusque-là.

L'histoire d'Élise illustre une forme grave de ce que les pédiatres appellent entre eux en souriant le « syndrome du vendredi soir ». Ce jour-là, leur consultation se remplit d'enfants gardés en crèche qui ont du mal à suivre le rythme de la semaine ; ils sont fatigués et davantage susceptibles d'attraper de petites maladies. Le jeudi, le nez commence à couler, ils sont grognons, et le vendredi immanquablement ils ont de la fièvre, toussent, les plus fragiles font une otite. Ils ont besoin du week-end pour guérir et récupérer grâce à de bonnes heures de sommeil dans le nid familial. Au calme, ils retrouvent la sollicitude maternelle et se rassurent grâce à l'inquiétude des parents qui se penchent plus que d'habitude sur leur berceau.

Ces petites maladies qui émaillent la première année de collectivité traduisent certes une fragilité individuelle mais aussi une difficulté d'adaptation. Je me demande parfois si elles ne sauvegardent pas l'équilibre psychique de certains enfants. Sans elles, ils pourraient se sentir tout à fait abandonnés, n'ayant pas acquis une sécurité interne suffisante pour se passer de leur mère plusieurs heures par jour. Grâce à ces maladies, ils s'assurent que leur inquiétude est partagée, que leur mère peut arriver à la crèche à tout moment s'ils ont trop de fièvre, que, de retour à la maison, elle leur donnera gouttes et sirop et veillera sur leur sommeil pour vérifier la température et la respiration. Ainsi s'établit un nouveau lien de sollicitude.

Mais l'expression d'un mal-être par une somatisation, des maladies répétées et variées traduit un mode de pensée peu élaboré, une souffrance psychique. Lorsque l'on réfléchit aux besoins du bébé, à ses rythmes, lorsque l'on accepte d'adapter le mode de garde à ses comportements, bien souvent ces petites maladies s'estompent ou sont remplacées par un simple petit rhume que la maman soigne par des remèdes simples. Il suffit parfois de raccourcir le temps de présence à la crèche en trouvant une jeune fille qui va chercher le bébé et attend les parents à la maison, au calme, dans son environnement familial.

Ne dressons pas seulement un tableau noir. Beaucoup d'enfants sont parfaitement heureux à la crèche. Ils sont épanouis, gais, leur sommeil et leur appétit sont parfaits, ils sont solides physiquement et psychiquement, et tirent parti de toutes les situations en se faisant par là même aimer en retour. Mais les parents ne doivent jamais oublier que ce sont eux et eux seuls qui élèvent leur enfant et qu'ils peuvent se remettre en question.

Les nourrices ou les femmes qui gardent l'enfant à domicile essuient beaucoup plus de critiques. Les parents en changent facilement s'ils ne sont pas pleinement satisfaits. Il ne leur vient jamais à l'idée que ces personnes assurent l'éducation de leur enfant. Ils reconnaissent que la nourrice donne tendresse et affection au nourrisson et s'acquitte bien des tâches matérielles, mais ne lui demandent pas d'assurer son développement intellectuel. Tandis que la crèche est censée apporter non seulement le confort matériel, mais aussi un environnement psychologique optimal pour l'épanouissement de toutes les qualités intellectuelles du petit enfant.

L'enfant est obligé de se fondre dans le moule du mode de garde qu'on lui impose. Il existe bien quelques catégories différentes, l'actif et le calme, le bavard et le réservé, l'affamé et le capricieux, mais c'est un enfant comme les autres, et seuls les parents sont capables de procéder à une analyse fine de sa personnalité.

La seule solution est-elle donc de ne pas travailler ? Dans les pays scandinaves, les congés de maternité durent un an. En France, seules les femmes qui obtiennent un congé parental avec la garantie de retrouver leur travail peuvent s'offrir ce luxe. La situation économique ne permet plus de prendre le risque de perdre son emploi. Un deuxième salaire est souvent nécessaire pour joindre les deux bouts et assurer les fins de mois.

Même si elles le regrettent et ne se l'avouent pas toujours, certaines femmes aussi ont besoin de travailler. La vie à la maison ne leur convient pas, elles ont rapidement l'impression de tourner en rond. Elles ont beaucoup de temps à consacrer à leur enfant mais ne sont pas satisfaites de ne penser que repas, lessives, promenades sempiternelles dans le square poussiéreux. Elles n'ont pas l'habitude de s'organiser une vie de quartier en participant à une entraide bénévole ou en prévoyant des sorties culturelles ou des loisirs intellectuels. Elles ne savent pas se ménager du temps pour suivre des cours ou rechercher des centres d'intérêt autres que l'enfant. Elles deviennent moroses, sont agacées par le moindre détail. L'enfant sent sa mère moins disponible malgré sa présence physique, et le mari se lasse d'entendre parler du seul bon fonctionnement de la maison et de subir des récriminations inopportunes : « Tu pourrais quand même passer au supermarché acheter des couches », n'osant répliquer : « Mais tu n'as que ça à faire ! » Un dialogue de sourds s'installe. Pour celles qui n'ont pas le goût d'être mère au foyer, mieux vaut retourner travailler.

Il persistera toujours une ambivalence : même si l'on avait le choix, il ne serait sans doute pas simple de décider de travailler ou non. Les femmes qui restent à la maison regrettent de ne pouvoir réaliser leur ambition personnelle, gagner leur vie sans dépendre de leur mari, elles redoutent plus que les autres le chômage de leur conjoint ou une séparation qui rendrait la vie très difficile. Les femmes qui travaillent regardent avec envie celles qui ne sont pas soumises en permanence au stress, aux transports en commun, aux heures de pointe, à la fatigue, au regret de ne pouvoir consacrer assez de temps à leur enfant.

Que les unes et les autres se rassurent : à l'âge de 5 ans, les différences s'estompent entre un enfant gardé autrefois en crèche, en nourrice ou à la maison. C'est donc bien que l'éducation des enfants ne se fait pas à l'extérieur mais à la maison, et que le milieu familial est prépondérant dans l'évolution de la personnalité. Et cela, les parents ne doivent jamais l'oublier. Ils doivent garder confiance dans leurs capacités à être de bons parents sans demander en permanence l'aide d'une tierce personne, sans chercher à copier ce qui se fait ailleurs.

Les enfants confiés dans la journée, après avoir subi cinq jours par semaine un rythme et des activités imposées en paraissant s'y adapter sans problème, vont laisser surgir leur véritable personnalité le soir et le week-end.

Il est surprenant de voir des bébés toniques, indépendants, qui, dans le cabinet du médecin, explorent instantanément toute la pièce, trouvent le tiroir avec les médicaments, se saisissent du téléphone, font en quelques minutes toutes les bêtises possibles dans une pièce fermée, décrits comme étant parfaits à la crèche ou chez la nourrice, dociles et calmes. Ils ont un regard perçant et rien ne leur échappe. Les parents s'interrogent, ils racontent des fins de journée éprouvantes, un enfant qui refuse d'obéir et fait des colères à tout propos. Ils se remettent en question et se demandent s'ils sont capables d'être de bons parents puisque tout se passe bien dans la journée alors qu'à la maison la vie est devenue presque infernale.

Oh oui ! ils sont de bons parents, et ils ont la chance d'avoir un enfant qui a beaucoup de personnalité. Après une longue journée à se fondre dans un moule qui le contraint, il explose le soir, et c'est de bonne guerre.

Thérèse décrivait la nourrice de Charles comme une femme ayant beaucoup de caractère. Elle gardait des enfants depuis vingt ans et connaissait son métier, menant son petit monde fermement. Pas question de discuter le menu, ni de pleurnicher au moment de la sieste. Dès 15 mois, elle commençait l'apprentissage de la propreté. Elle ne supportait pas les cris et les disputes. Et c'était une femme bien admirable, car sa maison était d'une propreté que Thérèse, insouciante et désordonnée, lui enviait. Elle faisait même du repassage pendant l'heure de la sieste ! Charles se transformait, le soir, en un véritable démon, tout était occasion de colères. Caprices pour les repas, drames pour se coucher, hurlements dès que sa mère approchait un pot. Thérèse, découragée, se demandait comment elle avait pu fabriquer un tel diable. Elle était ravie que la nourrice le « dresse » dans la journée, pensant que Charles apprendrait ainsi l'autorité à laquelle elle-même était incapable de le soumettre. Après des week-ends éprouvants, elle était soulagée de le confier à la nourrice le lundi matin.

Thérèse n'avait pas compris que son fils n'en pouvait plus d'être toute la journée soumis à des règles trop éloignées du mode de pensée de ses parents. Il manifestait le soir sa colère de ne pouvoir exprimer sa vraie nature. Cette nourrice, trop rigide, ne répondait pas aux besoins de Charles, qui avait un fort caractère. Au lieu de le rassurer sur le bien-fondé de ses aspirations à être un enfant indépendant, ses parents tentaient de reproduire à la maison les règles de vie de la nourrice. Ils auraient dû au contraire lui expliquer que pendant la semaine la nourrice s'occupait bien de lui et qu'ils avaient confiance en elle, mais que le soir ou le week-end c'étaient eux qui décidaient de la façon dont ils voulaient élever Charles, qu'ils reprenaient le gouvernail car personne n'aimerait Charles autant qu'eux et ne serait capable de s'adapter à ses aspirations de petit bonhomme décidé. Autres lieux, autres habitudes.

Si l'enfant ressent une cohésion dans le discours et le comportement de ses parents, il acceptera volontiers d'être gardé. Trop souvent, hélas, les parents sont tellement soulagés d'avoir trouvé le moyen de faire garder leur enfant qu'ils ne veulent plus rien voir et refusent de se remettre en question. Ils ferment les yeux quand la télévision marche toute la journée chez la nourrice, ils se bouchent les oreilles quand ils déposent leur enfant à la crèche dans une cacophonie de pleurs, de conseils échangés et de bavardages. Ils refusent d'écouter leurs pensées cachées qui disent que tout cela n'est peut-être pas si bon. Or l'enfant, lui, est directement branché sur l'inconscient maternel, il entend ces murmures secrets, et ne comprend pas que le discours soit différent. On éviterait bien des non-dits en lui expliquant tout simplement le pourquoi des choses. Pourquoi on le laisse à la crèche même si c'est dur au début, pour les profits qu'il en retirera quand il aura 18 mois ou 2 ans. Pourquoi il reste chez la nourrice qui ne l'emmène pas souvent au square mais qui est attentive et affectueuse. Mais, surtout, en lui répétant souvent qu'au fond tout ça n'est pas tellement important. Son papa, sa maman, ses frères et sœurs, s'il en a, sont le pôle de sa vie, le soutien de son amour. Lui n'en avait d'ailleurs jamais douté et ne s'y trompait pas.

5

LES MULTIPLES ACTIVITÉS DU TOUT-PETIT

Car JE est un autre. Si le cuivre s'éveille clairon, il n'y a rien de sa faute. Cela m'est évident : j'assiste à l'éclosion de ma pensée.

ARTHUR RIMBAUD

Le repos, la détente, la sérénité ne sont plus à l'ordre du jour pour la femme d'aujourd'hui. On entend plutôt : « Je suis stressée, j'ai mal au dos et je suis épuisée. » Dès que l'enfant est né, pour être dans le vent, il faut rentrer dans la course aux innovations et proposer des activités multiples qui amélioreront les performances physiques et intellectuelles du nourrisson.

Il est si facile, si mignon, ce petit nourrisson ! Quelquefois c'est un peu monotone ces jeux de bébé, ces guiliguili, ces soupes de légumes à heure fixe et cette sieste obligatoire en début d'après-midi. Sa maman n'est-elle pas en train de s'endormir ? Son bébé ne ronronne-t-il pas un peu trop? Autour d'elle, chacun parle de réussite, d'argent, d'ambition. Dans les journaux, le stress, l'anxiété font la une des magazines. Elle trouve qu'elle a une vie tranquille et bien organisée. Elle est heureuse. Ne fait-elle pas fausse route ? N'est-elle pas en train de gâcher son bébé en lui apprenant la vie facile et douce ?

Si elle est à la maison, elle finit par manquer complètement d'idées et redoute que son enfant ne soit pas dans le rythme. Au jardin, elle est intimidée par les récits des autres mamans qui racontent les prouesses de leur petit génie et s'échangent les bonnes adresses. Si le nourrisson est à la crèche, elle devient un peu jalouse, son « évolution intellectuelle » se fait en dehors d'elle. S'il est en nourrice, elle se demande si cette femme en qui elle a pourtant toute confiance stimule suffisamment ses capacités d'éveil.

C'est une question qui revient souvent dans la bouche des parents : comment se développe son intelligence ? La crèche organise toute la journée des activités qui valorisent l'esprit d'initiative du petit enfant. Les parents, de retour à la maison, se sentent démunis, ils veulent mieux faire mais manquent des moyens mis en œuvre en collectivité. Ils ont l'impression que leur enfant a déjà appris toutes les chansons, essayé toutes les couleurs, construit toutes les cabanes. Ils recherchent des jeux plus compliqués, des livres élaborés, alors que bien souvent l'enfant ne demande que la comptine toute simple que sa mère a retenue de sa petite enfance lorsque sa propre mère chantait pour l'endormir. Celle-là, il peut l'entendre mille fois, il ne s'en lassera jamais, il sent combien ça fait plaisir à sa maman de retrouver cet air enfoui dans sa mémoire. Il préfère jouer avec les revues entassées sur la table basse ou vider indéfiniment le sac de sa mère pour y chercher des trésors. Si sa chambre déborde de jouets, son seul plaisir est de les mettre tous sur le tapis, puis d'aller regarder dans la cuisine ce que peuvent bien faire ses parents. Il n'a pas forcément besoin d'être occupé intelligemment toute la journée. Après une semaine de crèche, il a plutôt besoin de se reposer. Il est comme nous, le soir ou le week-end, il préfère le farniente.

Les progrès ne se mesurent pas au jour le jour. On n'utilise pas d'appareil scientifique d'évaluation des connaissances acquises. D'ailleurs, les parents qui craignent que ne leur échappe le développement intellectuel de leur enfant sont aussi ceux qui rentrent de vacances admiratifs des formidables progrès qu'il a faits pendant ces quinze jours-là. L'enfant aime se servir de ce qu'il a appris lorsque ses acquis sont valorisés par le regard aimant de ses parents. C'est ce qui le porte et donne un caractère définitif à ses connaissances.

C'est la raison pour laquelle je rassure toujours les parents qui s'inquiètent de laisser toute la journée leur enfant chez une nourrice trop occupée et parlant peu ou mal le français. Le discours actuel sur le développement de l'enfant insiste tellement sur l'éveil intellectuel que je comprends que les parents se posent des questions.

Je me souviens de Valérie. À 4 ans, cette petite fille avait un très important retard de langage. Elle déformait tous les mots, ne faisait pas de phrases, elle était incompréhensible. La maîtresse avait prévenu sa mère qui, habituée à son babillage, ne s'en était pas inquiétée. Valérie avait changé plusieurs fois de jeune fille au pair dans ses trois premières années : c'étaient toujours des étudiantes qui venaient apprendre le français, qui assuraient une présence en l'absence de la maman mais qui, trop jeunes, n'avaient pas d'attachement particulier pour l'enfant et étaient plus préoccupées de leur petit ami du moment ou de leur famille laissée au loin. La maman de Valérie mit aussitôt le retard de langage de sa fille sur le compte du mode de garde, débuta des séances d'orthophonie et pensa que l'école ferait le reste. Mais Valérie ne fit aucun progrès. Valérie ne réclamait pas l'affection des jeunes filles qui la gardaient mais celle de sa mère. Celle-ci était très occupée, elle voyageait beaucoup et confiait alors Valérie à droite et à gauche ; quand elle était à Paris, elle était toujours pressée, avait une vie mondaine agitée, partait jouer au golf tous les week-ends, et s'occupait peu de sa fille. Jamais elle ne lui avait lu un livre ou raconté une histoire. Valérie ne souhaitait intérioriser que le langage de sa mère ; ne parvenant pas à parler avec elle, elle ne voyait pas l'intérêt de communiquer avec les autres.

Guillaume, au contraire, était gardé par une jeune femme marocaine qui préférait babiller toute la journée avec lui en arabe, plutôt que de parler français. Ses parents s'occupaient de lui avec bonheur et ils eurent la surprise de découvrir qu'à 3 ans il était parfaitement bilingue.

Bébés nageurs

Mais il est légitime que les parents soient tentés par les innovations proposées pour le bien-être du petit enfant. Puisqu'ils aiment se baigner, ils commenceront par la piscine.

Passé les premières semaines, la plupart des enfants aiment l'eau. Que ce soit par l'intermédiaire des bébés nageurs, de la piscine ou des mares chauffées au soleil, il est important que le petit se familiarise avec cet élément. Les parents consultent pour avoir l'avis du pédiatre. C'est sympathique, les bébés nageurs, et j'accorde volontiers le certificat nécessaire pour l'inscription. Je préviens toutefois les parents qu'il faut se méfier des infections ORL à répétition, surtout si l'enfant est déjà en collectivité pendant la semaine, et les otites ou les accès de fièvre après chaque séance doivent faire arrêter cette activité. Je les mets aussi en garde contre l'illusion d'en faire un excellent nageur.

À cette occasion, je leur raconte l'histoire de Thierry qui allait aux bébés nageurs depuis l'âge de 6 mois, ravi de patauger sous l'œil attentif du maître nageur. Il riait aux éclats dès que ses parents le plongeaient dans l'eau, passait dans les cerceaux, glissait sur le toboggan, tapait dans le ballon. C'était une petite fête hebdomadaire. Confiants dans ses capacités de nageur, les parents de Thierry choisissent de passer leurs vacances en Bretagne, tentés par les belles plages et l'air vif et sain après une année de crèche. Sitôt arrivés, profitant d'une chaude journée d'été, ils plongent Thierry dans l'océan à dix-huit degrés où il est immédiatement submergé par une vague salée. Terrifié, il hurle, se débat, et ses parents affolés mettront du temps à calmer ses sanglots. Le jour suivant, Thierry refuse d'approcher de la mer, ses parents insistent : la mer est calme, ils l'aspergent de vaguelettes. De nouveau, cris, terreur, sanglots. L'après-midi, il fait une colère à la maison en voyant sa maman préparer le parasol, le chapeau et le seau. Il finit par accepter de retourner à la plage à condition de ne même pas patauger dans les flaques, et il développe une véritable phobie de l'eau qui lui fait redouter jusqu'au bain dans sa petite baignoire pendant plusieurs mois. Les parents interloqués voient s'écouler la confiance qu'ils avaient cru instaurer avec le plaisir de l'eau. Ils n'avaient pu anticiper la terreur d'un enfant devant cet élément immense, froid, salé, redoutable, que représente un océan. Et, bébé nageur ou non, le petit enfant a besoin d'être remis en confiance devant l'immensité de la nature. L'eau reste un élément inquiétant, voire dangereux, que ce soit la mer ou une piscine privée.

Le plus souvent, tout se passe bien et je conseille de prolonger cette activité au-delà des quelques mois où les parents profitent avec leur enfant des avantages des piscines chauffées et équipées pour les tout-petits. La fréquentation régulière de la piscine éloignera les dangers de l'eau, lèvera les appréhensions et aidera l'enfant à apprendre à nager sans bouée lorsqu'il aura acquis la coordination nécessaire. Il ne se sentira pas inquiet ou ridicule lorsqu'il ira aux séances hebdomadaires de piscine obligatoires à l'école primaire. Comme un poisson dans l'eau, il n'aura pas besoin de la présence de sa mère pour être en sécurité.

Comme beaucoup d'activités du tout-petit, la pratique des bébés nageurs est profitable si elle permet aux parents et à leur petit bonhomme de passer une heure détendue, dans un environnement rassurant, materné par les autres parents qui s'amusent et le maître nageur qui admire les progrès. Mais ce n'est ni une assurance contre les risques de l'eau, ni une prévision des qualités de champion de natation de l'enfant lorsqu'il sera en âge d'apprendre le crawl. Cette activité ne doit pas non plus se transformer en corvée.

Mme Garvil consulte un vendredi soir pour la visite des 15 mois de sa fille Sylvie. Elle est tendue, fatiguée, je la sens au bord des larmes. Pourtant, objectivement, tout va bien. Sylvie est adorable, elle pousse comme un champignon ; la nourrice qui s'occupe d'elle pendant la semaine est dynamique, Mme Garvil est satisfaite de son travail. Elle avoue redouter le week-end et reconnaît être soulagée le lundi matin. Le samedi, elle va aux bébés nageurs à 9 heures et demie, puis elle laisse Sylvie à son mari pour faire les courses de la semaine. L'après-midi, elle transforme le salon en atelier de peinture et de modelage pour que Sylvie puisse s'exprimer par les couleurs qu'elle lui explique longuement. Le dimanche, elle arpente le Champ-de-Mars qu'elle trouve un jardin détestable et poussiéreux, mais il faut bien que Sylvie prenne l'air. Sylvie réclame sa présence permanente, la suit de ses premiers pas chancelants à travers toute la maison ; Mme Garvil n'a de répit que pendant l'heure de sieste, dont elle profite pour ranger la cuisine et faire le repassage.

Mme Garvil a transformé en corvée des activités qu'elle croit indispensables pour l'éveil de Sylvie. Au lieu de se détendre le samedi en traînant en robe de chambre, en jouant dans le lit avec sa fille, en demandant à son mari de l'emmener faire un tour de manège, elle se sent persécutée par ses devoirs de bonne mère et entame ainsi la relation de confiance qu'elle avait établie avec Sylvie. Avant tout, il faut ressentir du plaisir à pratiquer des activités avec ses enfants. L'enfant reconnaît la disponibilité, l'affection, la gaieté bien avant le plaisir de l'attraction proposée. Mme Garvil hésite à abandonner un idéal qu'elle s'était forgé pendant toutes ces années où elle imaginait quelle gentille maman elle serait et toute la joie qu'elle aurait à découvrir le monde avec sa fille. Pourtant elle se rend bien compte que cette attitude de devoir la rend irritable et qu'elle a de plus en plus souvent des réactions de rejet. Elle a l'impression non seulement de travailler toute la semaine mais d'être contrainte à un autre travail obligatoire le week-end ; elle s'enferme dans un complexe de persécution, jusqu'au jour où elle renonce à se sacrifier.

Elle abandonne la piscine et traîne le samedi matin, profitant du repos pour bricoler dans la maison, elle emmène Sylvie faire les vitrines à la recherche d'une petite robe d'été pour elle-même au lieu d'arpenter le Champ-de-Mars ; elle profite du match de foot et de la sieste pour laisser Sylvie à son mari et s'offrir un cinéma. Elle attend l'été pour aller dans des piscines découvertes car elle tient tout de même à ce que Sylvie s'habitue à l'eau. Et elle s'aperçoit avec un sourire que finalement les week-ends sont bien agréables ! Sylvie n'est plus accrochée à ses basques alors qu'elle se consacre moins à elle et passe peu de temps à inventer des jeux éducatifs. Sylvie a retrouvé une maman heureuse. Avant, sa mère s'occupait d'elle en bougonnant, traînait la poussette en remuant de sombres pensées, faisait la cuisine en maugréant contre l'égoïsme des maris qui ne prennent jamais la maison en charge, lui lisait un livre en pensant qu'elle n'avait même pas feuilleté son magazine préféré, s'interdisait une bonne émission de télé car « ce n'est pas pour les enfants et Sylvie est tout le temps là » ; Sylvie sentait bien que sa maman était ailleurs. Pour qu'elle s'occupe enfin d'elle en pensée, pour qu'elle éprouve du bonheur avec elle, Sylvie recherchait toutes les brèches, tous les instants où sa mère était inoccupée, et transformait en tyrannie le besoin de tendresse qu'elle avait.

Une hyperactivité fatigante pour tous

Souvent s'installe ainsi un cercle vicieux. La mère multiplie les activités pour se donner bonne conscience, espérant qu'à force elle comblera les demandes insatiables de son enfant, mais elle est sans cesse préoccupée par des pensées parasites, des soucis personnels, des désirs inassouvis, un sentiment de perte de temps. L'enfant est toujours occupé, il n'a jamais le temps de souffler, de découvrir le monde par lui-même, il ne sait pas très bien en réalité ce qu'il demande mais souhaite un autre mode de fonctionnement familial, plus personnel, plus adapté à ses besoins réels. Énervé, il réagit en faisant le contraire de ce qu'il souhaite inconsciemment et devient crampon, exigeant, insatisfait. Cherchant un espace différent, la mère et l'enfant croient que seules les nouveautés peuvent le leur donner, et continuent de courir vers d'autres découvertes. Le comportement exigeant de l'enfant retentit à son tour sur sa mère.

La maman est très réticente quand je propose qu'elle pense un peu plus à elle et un peu moins aux prouesses de son enfant. Il faut commencer tout doucement. Qu'elle aille simplement au cinéma avec une amie le dimanche, mais en le faisant de bon cœur, sans angoisse et sentiment d'abandon de son rôle parental ; elle sera bien surprise en rentrant de voir que son cher petit a survécu à cet affront et même qu'il est plus calme lorsqu'elle lui propose gaiement de compléter son montage de Duplo.

Les mamans sont en effet tiraillées par des désirs ambivalents. Pendant la semaine, à leur travail, elles entendent parler d'épanouissement personnel, d'accomplissement de la femme d'aujourd'hui, elles rêvent de voyages sur des îles lointaines et envisagent sérieusement des séjours de remise en forme dans quelque station balnéaire. Le week-end, elles éprouvent comme une chape de plomb les contraintes de la vie de famille.

Exprimant leur lassitude, les parents, saturés, fatigués par des nuits trop courtes et des semaines trop remplies, n'hésitent pas à partir pendant une semaine en vacances seuls, laissant leur petit à une grand-mère. L'enfant peut alors se sentir tout à fait abandonné. Comment ? Pendant des jours et des jours, ses parents ne l'ont pas lâché une seconde, surveillant toutes ses activités, l'entraînant sans cesse dans de nouveaux jeux et de nouvelles découvertes et, brusquement, crac, plus rien ! Ces séparations abruptes ne sont pas immédiatement traumatisantes, elles ont en général été préparées, et même le nourrisson est maintenant prévenu quelques jours à l'avance. Au retour, un accès passager de mauvaise humeur de sa part rassure les parents plutôt qu'il ne les pénalise : « Il était tellement mignon quand il détournait la tête chaque fois qu'on s'approchait de lui, et ça a duré pendant trois heures ! »

Avant de commencer la crèche, Paul consulte pour la visite du quatrième mois. C'est un beau bébé souriant et sa maman très fière me dresse un tableau idyllique de son appétit vorace, de son sommeil parfait, de sa bonne humeur constante. Lorsque je le déshabille pour l'examiner, j'ai la surprise de découvrir un eczéma généralisé que sa mère n'avait pas mentionné. Je lui dis : « Tiens, vous êtes partie en vacances sans lui. » Elle me regarde, interloquée, pensant que je suis un peu sorcière, et me dit : « Je reviens d'une semaine à Prague, je suis partie avec mon mari. J'étais si fatiguée, je me sentais incapable de reprendre mon travail en m'occupant en même temps de Paul. Mais comment le savez-vous ? » Je lui explique alors que c'est la troisième fois dans le mois que je vois des nourrissons couverts d'eczéma après une séparation. L'eczéma est souvent une manifestation psychosomatique. « Mais, docteur, il était chez sa grand-mère. Tout s'est merveilleusement passé, il n'a pas pleuré une seule fois et m'a fait plein de sourires quand je suis rentrée. — Sans doute, mais Paul préfère quand même sa maman à sa grand-mère, il a ressenti l'impatience, la fatigue avant le départ, puis l'absence, et il a réagi à sa façon, pour que vous soyez aux petits soins avec lui au retour, pour vous inquiéter un peu et vous dire : “ Tu vois quand tu n'es pas là, rien ne va plus, je me couvre de boutons. ” »

Ne vaudrait-il pas mieux, si les parents sont fatigués, qu'ils passent quelques jours chez la grand-mère avec leur enfant, demandant d'être déchargés des tâches matérielles, retrouvant en famille l'affection et la sécurité sans créer chez leur enfant un sentiment d'abandon et d'insécurité ?

Très souvent, les parents confient leur enfant quelques jours pour se reposer. Avant l'âge de 2 ans, je crois très sincèrement que l'enfant n'aime pas ça, même s'il est gardé par des personnes qu'il connaît bien. Il n'a pas la notion du temps, mais il a l'habitude de la présence de ses parents à certains moments de la journée, pour le dîner, le bain, ou surtout au moment de s'endormir et au réveil. Il n'a pas la notion du temps, et c'est pourquoi un jour, deux jours, une semaine lui semblent infiniment longs, et il se demande si sa mère reviendra. Qu'il soit en crèche, qu'il soit très sociable, qu'il ait un caractère toujours égal ne prévaut en rien du lien qui l'attache à sa mère et de l'image intérieure qu'il en a. Dans la toute petite enfance, il a d'autant plus besoin d'elle qu'il ne sait pas encore se la représenter loin de lui.

Mme Pommois a attendu que Gaspard ait 18 mois pour le laisser quelques jours à sa mère. Elle pensait qu'il était habitué à la séparation puisqu'il ne pleurait jamais le matin lorsqu'elle partait travailler. Tout s'est bien passé en effet pour Gaspard chez sa grand-mère. Mais, trois semaines plus tard, elle allait en week-end en train chez des amis, avec Gaspard : celui-ci a commencé à hurler et à faire une formidable colère que rien ne pouvait calmer. Il était agrippé à sa mère, écarlate, terrifié. Le voyage fut un enfer. Et le week-end aussi, Gaspard refusant de quitter les bras de sa mère et de dormir autrement qu'avec elle. Mme Pommois avait emmené Gaspard en train chez sa mère : elle fit facilement le lien avec la séparation quelques semaines auparavant, et se jura bien de ne pas recommencer. Ils louèrent une voiture pour rentrer.

Dans les consultations pour troubles du sommeil, on retrouve presque toujours une séparation. La nuit est longue sans sa maman !

Quel métier difficile que celui de parent ! La continuité des soins et de l'affection, secret de l'équilibre de chaque membre de la famille, assure le bon développement de l'enfant. Mais les recettes sont personnelles.

En croyant bien faire, les parents en font trop. Ils se fatiguent et ils fatiguent leur enfant. Ils veulent trouver de nouveaux jeux, enrichir ses connaissances, développer son intelligence. Ils sont sans cesse sur son dos pour le stimuler. Les jeux éducatifs ont remplacé la bobine et la boîte à chaussures. Il faut empiler des cubes selon la couleur pour faire apparaître un Mickey, encastrer des triangles et des ronds pour fermer les fenêtres d'une maison de plastique rutilante, il faut faire du tricycle sur la pelouse de mamie, cueillir des marguerites pour en faire des couronnes, faire des pâtés sur la plage à moins d'un mètre du parasol familial après avoir passé deux heures au club des sports du tout-petit. Surtout s'occuper sans arrêt sous le regard maternel sans prendre aucune initiative, aucun risque.

Des enfants sous contrôle

On observe actuellement un mélange, pas toujours harmonieux, entre d'une part un désir d'innover et de proposer à l'enfant un choix d'activités supposées enrichissantes et d'autre part un contrôle de plus en plus grand de son espace physique et psychique.

Partout, l'univers enfantin a été barricadé : la porte de la cuisine est remplacée par une barrière derrière laquelle il peut quand même voir sa mère sans risquer de se brûler à la cuisinière ou d'avaler de l'eau de Javel. L'escalier est fermé et il apprendra bien tard à y monter : il a pourtant tellement envie d'aller voir ce qui se passe là-haut ! Il n'a plus besoin d'escalader l'armoire pour trouver les biscuits, ils sont en permanence sur la table et il en mange autant qu'il en veut dans la journée.

Les montants de son lit à barreaux sont de plus en plus hauts pour qu'il ne puisse plus en sortir, quitte à se sentir dans une prison et à se réveiller plusieurs fois dans la nuit en hurlant. La pièce de séjour a été aménagée en fonction de l'enfant : tous les objets dangereux ont disparu, toutes les bêtises ont été prévues, certaines restant tolérées comme de jouer avec la télécommande ou déménager le premier étage de la bibliothèque. Les ours, le cheval à roulettes, les puzzles jonchent le sol, et l'espace parents a disparu ; ceux-ci éprouvent même une certaine fierté à laisser traîner des jouets lorsque des amis viennent dîner, preuve tangible de l'importance de l'enfant et du recentrage de la vie familiale autour de lui. Rien n'échappe aux parents, l'enfant n'a pas de coin à lui (que même tout petit il est pourtant capable de se constituer), il reste sous contrôle.

Certes, l'enfant aime que l'adulte s'occupe de lui. Il est actif, curieux, tout l'intéresse. L'appartement ne suffit pas, les parents souhaitent lui offrir un espace où il aura d'autres contacts avec des enfants et où il pourra s'initier à des jeux nouveaux et originaux. C'est formidable de voir s'organiser à la crèche ou dans des mini-clubs des ateliers de chant, de danse, de peinture. Des intervenants extérieurs proposent des spectacles de marionnettes, de clowns, de mimes. Les enfants partent visiter des musées, des jardins.

Pourtant, à l'atelier ou à la crèche, ce n'est pas tant d'autres jeux que l'enfant apprend, mais le jeu en dehors du regard de sa mère et en présence des autres enfants. Il sera obligé d'attendre, d'observer, de se disputer parfois pour acquérir le jouet qu'il souhaite. Il regarde les autres et évalue le moyen d'arriver le plus rapidement possible à ses fins selon son tempérament, calme, obstiné, bagarreur ou impatient. Il découvre qu'il peut agir par lui-même sans être toujours surveillé, encouragé ou grondé selon les cas. Les réactions des éducatrices sont fonction du groupe et non de chaque enfant considéré comme unique : ce n'est que lorsqu'elles le connaissent bien qu'elles l'aident à s'insérer dans cette petite collectivité en fonction de sa personnalité, lui proposant de participer à telle activité plutôt qu'à telle autre. C'est pour le bien-être du groupe qu'elles encouragent les timides et évitent les débordements des plus actifs. L'enfant apprend davantage cette leçon-là que le maniement de la pâte à sel ou du xylophone pendant l'atelier musical.

Lorsque les activités ne sont pas trop dirigées et qu'une large marge de liberté est autorisée, la capacité d'attention étant très variable à cet âge d'un enfant à l'autre, l'atelier lui permet de faire des expériences personnelles. Il s'organise un espace intérieur qui tient compte des autres et le sauvegarde de l'intrusion permanente des grandes personnes. Il doit apprendre à découvrir le plaisir de jouer, mais ce plaisir passe par la maîtrise de son inquiétude devant une situation nouvelle. Cela, lui seul peut le faire, à condition que les animations proposées répondent à son besoin du moment et ne soient pas trop structurées dans un but éducatif. Il gribouillera sa joie de vivre sans pour autant dessiner un bonhomme. Que ce soit à la maison ou dans un atelier, l'apprentissage de la vie passe par des expériences solitaires. Aujourd'hui, il en a de moins en moins la possibilité. Sa mère le regarde et l'admire, et il ne fait les choses qu'en fonction d'elle. Il peut jouer des heures à ouvrir et fermer des portes, allumer ou éteindre la lumière, monter et descendre de la table basse du salon : pour lui, c'est une aventure aussi importante que de faire des roulades ou du trampoline dans un club de gymnastique. Devant sa mère, s'il tombe, s'il se fait un peu mal et qu'elle se précipite pour le consoler, la seule chose qu'il apprend est à pleurer bien fort devant l'obstacle. Sans elle, il développe son sens de l'observation (comment faire pour ne pas tomber ?) et sa fierté (si Jules y est arrivé, pourquoi pas moi ?). À la maison tout l'espace est organisé en fonction de lui. À l'atelier, les activités sont programmées pour son bien-être.

Comment apprend-il le danger ? Pourtant, le danger est partout et surtout là où on ne l'attend pas. Tomber en faisant ses premiers pas, boire l'eau du bain, recevoir une fessée le jour où il escalade le divan lui apprennent les risques. Car, pour le petit enfant de moins de 3 ans, beaucoup d'expériences passent par l'apprentissage, à ses dépens, de la motricité ; s'il n'a pas acquis un minimum de goût du risque, ce n'est pas le judo qui le lui apprendra plus tard, et la cour de récréation lui semblera une épreuve redoutable. Entrouvrir une porte pour surveiller le couloir, écouter les bruits familiers de la maison et les reconnaître, sauter du canapé et se cacher derrière les rideaux, courir très loin dans le jardin stimulent aussi sa curiosité et lui donnent le goût d'oser, de mesurer les risques. Ces qualités lui serviront toute sa vie.

Jeux

Les études, les livres consacrés au jeu se multiplient. Perdant sa nature ludique et futile, le jeu devient une obligation que parents et spécialistes de l'enfance encouragent et entendent bien contrôler avec rigueur. Les jouets, de plus en plus éducatifs, de plus en plus élaborés, brisent l'imagination des enfants et les déçoivent. Reflet de la conception que l'adulte a du jouet ou de la façon dont lui-même aurait envie de s'amuser, le jouet trop perfectionné devient utilitaire. Proposé par les parents comme moyen de progresser, il lasse rapidement l'enfant. La poupée qui fait pipi et qui demande à boire, le circuit que l'on regarde indéfiniment tourner sans pouvoir modifier l'ordre des wagons n'intéressent l'enfant que quelques instants, le temps pour lui de la fierté d'avoir obtenu le jouet tant vanté par les spots télévisés, et de la joie de démonter les piles, ce qui lui vaut immédiatement d'être réprimandé. Les parents sont déçus : les jouets coûtent cher, et justement ils avaient choisi le plus beau du magasin ; leur enfant s'en désintéresse aussitôt, à moins que la perte d'un des éléments ne le dénature définitivement ou que la quantité de piles nécessaire ne décourage les meilleures bonnes volontés.

L'enfant joue pour reproduire à son idée des situations de sa vie quotidienne, pour les transformer, pour avoir l'impression de vaincre des forces internes qui lui semblent étrangères. Quel intérêt ont pour lui les jouets qui font tout à sa place ? Pour flatter leur orgueil de parents qui pensent leur enfant plus intelligent que la moyenne, ils lui achètent des jouets d'un niveau supérieur à son âge, auquel il ne comprend rien ou avec lesquels il ne peut jouer que si ses parents sont avec lui. Il se lasse très vite. Alors qu'au contraire je conseille toujours d'acheter des jouets d'au moins six mois inférieurs à l'âge annoncé : l'enfant a alors l'impression d'être plus fort, meilleur, il comprend tout de suite, il est valorisé et peut ainsi retrouver des sensations qu'il avait parfois oubliées. D'autant qu'il aime recommencer indéfiniment les mêmes gestes, jusqu'à ce qu'il ait exprimé par le jeu ce qui lui crée des petits soucis ou lui cause de grandes joies, maîtrisant sans le savoir des pulsions inconscientes.

Dans les cabinets de pédiatrie traînent souvent de vieux jouets déglingués aux couleurs usées, un cheval à bascule et quelques poupées informes. Il faut voir le plaisir des enfants lorsqu'ils retrouvent ces jouets oubliés. Jusqu'à l'âge de 9 ou 10 ans, lorsqu'ils se tortillent sur leur chaise, ils accueillent avec un grand sourire l'autorisation que le pédiatre leur donne d'aller jouer, ils retrouvent la joie du cheval à bascule, du hochet avec un grelot et du train miniature. Malgré les remarques de leur mère : « Ce n'est plus de ton âge », ils se précipitent dans le coin jeu lors d'une consultation ultérieure, écoutant alors infiniment mieux ce que ses parents et le médecin peuvent se dire que lorsqu'ils restent concentrés sur l'immobilité obligatoire du fauteuil inconfortable de la consultation. Pendant qu'ils jouent, ils écoutent et ils réfléchissent ; leur pensée est portée par une activité physique et peut flotter vers des associations d'idées inattendues.

Lorsque je vois un enfant jouer et écouter en même temps, je pense toujours à la visite du deuxième mois du tout petit nourrisson. À cet âge-là, lorsque l'on capte son regard et que l'on essaie avec lui les premiers arreuh, il se concentre, fronce les sourcils, s'applique ; ses jambes commencent à s'agiter, il serre ses abdominaux, il remue les épaules ; si l'on tient ses mains pour qu'il se sente bien contenu, on les sent traversées d'une formidable ardeur, et on commence alors à dialoguer dans une grande jubilation partagée. J'ai toujours l'impression à ce moment-là que, pour pouvoir penser, le nourrisson a besoin de décharger une énergie motrice. Et je crois que c'est la même chose quel que soit l'âge de l'enfant. Jouer permet de penser.

Dans le domaine du jeu, comme dans celui des activités du tout-petit, nous devons avoir toujours présents à l'esprit, pour ne pas les subir, l'influence des modes et les facteurs commerciaux qui les gouvernent. Nous devons rester le plus simple possible car nous ne contrôlons pas la transformation, par l'imaginaire de l'enfant, d'occupations qui semblent futiles et qui pourtant sont celles qui forgent sa personnalité, l'aident à surmonter ses tensions intérieures, lui ouvrent l'accès à une pensée abstraite. Nul ne connaît le cheminement de la pensée d'un enfant qui berce une vieille poupée ou roule une petite voiture sur les bords du tapis : laissons-lui le plus souvent possible le loisir de cultiver son jardin secret.

Dès son plus jeune âge, il est indispensable que l'enfant apprenne à s'occuper seul, qu'il explore ses possibilités et ses limites, qu'il découvre et exploite ses propres goûts, voire qu'il s'ennuie, ce qui est un excellent moyen de développer son imagination. Et tant pis ou tant mieux s'il met en désordre sa chambre, inonde la salle de bains, renverse le paquet de sucre, se barbouille de peinture ou démonte le réveil. Mieux vaut qu'il décide de laver son poisson rouge dans le bidet plutôt que d'être affalé devant la télévision. Pour autant que ce qui présentait un danger ait été mis hors de portée, les bêtises qui fâchent sur le moment mais dont les parents sont finalement plutôt fiers et qu'ils racontent avec jubilation sont plus instructives qu'un jeu éducatif imposé, ou un tour au marché. D'ailleurs, en hiver, ce n'est pas très amusant ni très instructif, le marché, car les oranges ressemblent toujours à des oranges, le poissonnier se fâche chaque fois que le petit touche aux crevettes. Et il a déjà fait des sorties avec la crèche : « Découverte du marché » et « Pour devenir gastronome ». Qu'est-ce que c'est un gastronome ? Déjà il avait trouvé cela bizarre puisque de toute façon il n'aime que les pommes de terre et les nouilles.

Autonomie

Si ses parents ne lui ont pas donné une autonomie qui lui permette d'agir et de penser seul, il peut paraître autonome dans ses comportements au sein d'une petite collectivité organisée avec un adulte de référence toujours présent, que ce soient ses parents le week-end ou sa puéricultrice pendant la semaine. Il n'est pas pour autant sûr de lui dans un groupe élargi. À la crèche, à la garderie, les locaux sont conçus pour les petits, tables, fauteuils, coussins, lits, coins jeu, toilettes sont à la hauteur d'un bambin de moins de 3 ans. Le projet éducatif est orienté vers le bien-être et l'épanouissement du petit enfant qui doit rencontrer le moins de contraintes possible. Il apprend à vivre en harmonie avec ses camarades, à partager, à participer aux activités proposées, en conservant une marge de liberté dans un milieu étudié pour lui. Il apprend la collectivité mais pas forcément la vie dans une société d'adultes. C'est l'école qui apporte l'apprentissage de la vie sociale et de ses règles sans lesquelles aucune société n'est viable.

Ainsi, contrairement aux idées reçues, la crèche ne prépare pas forcément à l'entrée à l'école. L'adaptation peut être aussi difficile pour un enfant qui y a été trois ans que pour celui qui est toujours resté avec sa mère. C'est compliqué psychologiquement pour un enfant de partager la maîtresse avec trente autres garnements ! L'enfant veut se l'approprier et rejette la collectivité élargie des autres ayant vécu des expériences différentes.

Gauthier est un petit garçon surprotégé par une maman très anxieuse. Il règne en maître à la maison, la vie s'étant organisée autour de lui. Il s'adapte parfaitement bien à la crèche. Toujours de bonne humeur, il s'intéresse à tout, n'est jamais malade et profite des expériences nouvelles avec un entrain qui fait plaisir à voir. Pour préserver une continuité et pour le bien-être de l'enfant, la même puéricultrice suit un groupe de cinq enfants pendant les trois années de crèche. À l'âge de 3 ans, Gauthier parle couramment, il est propre le jour et la nuit, il a un joli répertoire de chansons à sa disposition, il manie le pinceau avec adresse et fait déjà des puzzles compliqués. Il reste un peu timide et n'est pas très entreprenant pour les activités motrices, mais son équilibre et sa gentillesse naturelle sont très appréciés. Il commence pourtant à se lasser de la crèche, et ses parents trouvent à juste titre qu'il ronronne un peu trop dans cet univers familier et qu'il est prêt pour de nouveaux apprentissages.

Il a été deux fois visiter l'école avec sa puéricultrice, et le jour de la rentrée Gauthier s'avance fièrement sans verser une larme. Il ne dira rien à sa mère et ne pleurera jamais le matin, car il sait depuis longtemps qu'elle travaille. Mais, en fin de journée, il est moins gai, il ne chante plus et refuse de parler de l'école, il reste collé à sa mère, incapable de jouer seul cinq minutes dans sa chambre, il recommence à faire pipi au lit. La maîtresse s'inquiète : Gauthier reste toute la journée dans ses jupes, il ne participe pas aux activités du groupe ; à la cantine, il pleure un peu et ne sait pas manger seul, il reste assis près d'elle pendant toute la récréation et regarde les autres enfants avec un air inquiet. Sa maman, désemparée, retrouve toutes ses angoisses de quand il était bébé et le couve plus que jamais, lui consacrant toutes ses heures de liberté. Elle s'entend avec la maîtresse pour refaire à la maison ce qu'il a appris en classe afin qu'il prenne de l'assurance. Gauthier n'a pas le choix, il s'habitue. Mais il continue à faire pipi au lit.

L'histoire de Gauthier montre qu'il n'était capable de s'épanouir que dans une relation duelle et en permanente identification à l'adulte qui s'occupait de lui. À aucun moment il n'a eu la possibilité de faire des expériences seul, étant soit dans l'univers adapté de la crèche, soit protégé par sa mère. Complice de l'adulte, il n'a pas compris que tout à coup des enfants aient des comportements qui lui étaient étrangers, que la maîtresse s'occupe d'un groupe et non de lui en particulier, et qu'on lui demande d'avoir des initiatives personnelles, en récréation notamment.

Ainsi l'atelier, la crèche peuvent apporter une fausse sécurité en donnant l'impression que les enfants sont adaptés à la collectivité. Ce sont les parents et eux seuls qui donnent à leur enfant le goût de l'indépendance et facilitent son adaptation à des situations inhabituelles. Pour cela, ils doivent lui laisser faire des expériences personnelles et lui ménager du temps sans le contrôle d'un adulte.

Il ne faut pas oublier que l'enfant gardé hors de chez lui a très tôt le rythme de vie d'un adulte. Cinq jours par semaine, onze mois par an, il vit au rythme de la collectivité et « métro-boulot-dodo », c'est aussi pour lui. Alors, gardons-lui à la maison espace et temps pour s'épanouir, même au risque de quelques bêtises. Les parents seront peut-être étonnés alors de retrouver aussi le temps et l'espace pour eux-mêmes auxquels ils avaient renoncé.

Deuxième partie

Les années d'école

6

ÉCOLE DU SAVOIR, AVENTURE BUISSONNIÈRE

Le monde ne sera sauvé, s'il peut l'être, que par les insoumis. Sans eux, c'en serait fait de notre civilisation, de notre culture, de ce que nous aimions et qui donnait à notre présence sur terre une justification secrète.

Ils sont, ces insoumis, le sel de la terre.

ANDRÉ GIDE

L'école, l'aventure du savoir... Bonheur du mot découvert, répété, fierté de la première comptine récitée, étonnement devant le premier livre lu et compris. Le désir d'apprendre pour devenir meilleur est en chacun de nous. C'est le moteur qui nous pousse à aller de l'avant. Pour mieux aimer la vie, il nous faut la comprendre. Et qui n'a connu cette joie, lorsqu'un bon professeur fait un cours brillant, d'avoir le sentiment d'avoir tout compris et d'être un peu plus intelligent après ? Le plaisir intellectuel permet de survivre à la morosité de journées souvent répétitives mais, pour découvrir la joie d'apprendre, il faut faire un cheminement personnel parfois ingrat, souvent ardu. Les parents souhaitent éviter à leur enfant les routes pleines d'embûches. Ils pensent qu'en multipliant les choix offerts à leur enfant, en développant ses capacités intellectuelles, il trouvera plus facilement par la suite les plaisirs de l'intelligence, et qu'il n'aura pas à peiner sur des règles strictes. Ainsi, en apprenant l'anglais dès l'âge de quatre ans, il lui sera épargné l'écriture phonétique puisqu'il aura spontanément la musique de la langue dans l'oreille depuis des années. Ainsi, en allant à un cours d'échecs, il affinera son esprit mathématique et logique, il sera plus posé et réfléchira avant d'agir. Ainsi, s'initiant très jeune à la musique, il sera dispensé des gammes.

Il est vrai que la culture artistique est tellement absente des programmes scolaires français qu'il faut bien pallier cette déficience. L'enfant devra donc apprendre en dehors de l'école la musique, la peinture, la poterie. Souhaitons simplement qu'il affine sa sensibilité et acquière un désir de s'initier à des créations culturelles. L'art est le plaisir de créer et aussi de regarder, d'écouter, de profiter de tous ses sens trop souvent au repos. C'est surtout une façon de rêver, une façon de libérer à travers la peinture ou la musique nos pulsions et nos fantasmes. Est-ce uniquement pour la qualité du coup de pinceau que nous partons nous promener dans les fonds bleutés des peintures de la Renaissance italienne ? Est-ce uniquement pour le plaisir de reconnaître les harmoniques que nous vibrons en écoutant un opéra de Mozart ? Non, c'est plutôt parce que du fond de nous-mêmes jaillissent des paysages ou des harmoniques oubliés, échos de notre enfance, soutiens de notre imaginaire, porteurs de notre fantaisie. L'enfant réagit de façon encore plus directe à cette approche de l'art, et il y met tout ce qu'il est lui-même avant de pouvoir acquérir une pensée abstraite. Comme dans la lecture où il est pendant des années le seul héros du livre, il devrait pouvoir ne rechercher dans l'art que ce qui vient appuyer sa personnalité en plein essor. Un apprentissage laborieux et sans joie ne lui offre pas l'évasion que permet une fréquentation naturelle de l'art, à moins que le seul but ne soit de pouvoir dire : « Je l'ai lu, je l'ai vu, je l'ai fait », à la manière des conversations mondaines de salon. La notion de l'art et du beau est différente chez l'enfant et chez l'adulte ; éduquer n'est pas nécessairement assener des chefs-d'œuvre.

L'aventure du savoir ne permet pas de faire l'économie d'une pulsion personnelle, et d'un apprentissage conscient volontaire et susceptible de nous apporter du plaisir. L'aventure du savoir n'est pas l'aventure des parents vécue à travers les enfants, c'est celle de l'enfant et de lui seul à travers, bien sûr, un certain mode de fonctionnement familial et un système d'éducation dont il faut tenir compte.

Et l'aventure buissonnière ? Est-ce les loisirs, les vacances en famille, les voyages aux quatre coins du monde ? Est-ce partir en laissant à la maison les soucis, les contraintes de temps, de travail, de repas ?

Aventure ? Quatorze heures d'embouteillages sur l'autoroute du Sud le 1er avril ; trois mille trois cents personnes à l'heure pour voir l'exposition Van Gogh ; vingt minutes de marche pour accéder du fin fond du parking aux caisses du parc Astérix ce premier chaud dimanche d'été ; trente minutes de queue et de montée en téléphérique pour trois minutes de descente à skis ?

Aventure, le jardin de mamie clos de murs, dont on connaît tous les buissons et dont il est interdit de sortir ? Le bac à sable a été supprimé depuis que cousin Paul a joué à s'enterrer et la cabane construite par l'oncle Jean est à moitié démolie. Il ne reste qu'à tourner indéfiniment autour de la pelouse à vélo pendant que les parents s'éternisent autour d'une tasse de café.

Aventure, la grande plage de sable, pendant le mois d'été, sous le regard vigilant de maman qui ne veut pas que l'on s'éloigne ? D'ailleurs, cette année, maman nous a inscrit au Club Mickey, nous restons dans le périmètre délimité par des petits fanions rouges sur la plage et des bouées bleues dans l'eau. Et, pour l'après-midi, les parents ont organisé un jeu de piste où rien n'est laissé au hasard ; c'est d'ailleurs le même que l'année dernière.

Aventure buissonnière, le séjour au Sénégal, dans une case ? Nous sommes partis dans un grand charter et avons été déposés sur une plage où nous avons subi pendant une semaine les loisirs organisés des gentils organisateurs et la visite au village voisin où traînaient les canettes de Coca-Cola et vrombissaient les moustiques.

L'aventure, bien sûr, elle est au coin de la rue pour qui sait la saisir. L'aventure, c'est savoir rêver, inventer, imaginer. Mais, pour cela, il faut avoir été un peu formé, avoir connu la solitude et l'ennui qui donnent envie de créer. Quelles bêtises n'avons-nous pas eu envie d'inventer entre les quatre murs de notre chambre le jour où nous avions été privés de télé ? Mais encore faut-il pouvoir échapper au regard maternel, vaincre sa peur, oser des petits mensonges, et surtout ne pas tirer gloire de ses bêtises en venant les raconter immédiatement, histoire d'observer maman rougissant d'admiration malgré ses sourcils froncés. Accepter la punition si l'on est découvert et ne se prendre pour un héros que dans son histoire et non aux yeux de sa famille.

L'aventure, c'est agir seul, ou mieux avec une petite bande de copains, et découvrir que la vie est intense, passionnante, mystérieuse. Découvrir seul les ressources cachées de son corps quand, entraîné trop loin, il faut courir longtemps pour être à l'heure au dîner. Découvrir seul les ressources de son intelligence dans les situations nouvelles, inattendues, des jeux sans mode d'emploi.

L'aventure buissonnière, c'est vivre pour soi, sans contrôle. Alors oui, cette aventure-là est au coin de la rue si l'on porte en soi les germes de la fantaisie.

7

MATERNELLE : PREMIER APPRENTISSAGE DE SOCIÉTÉ

Il dit non avec la tête
Mais il dit oui avec le cœur
Il dit oui à ce qu'il aime
Il dit non au professeur.
[...]
Sous les huées des enfants prodiges
Avec des craies de toutes les couleurs
Sur le tableau noir du malheur
Il dessine le visage du bonheur.

JACQUES PRÉVERT

Serge et Nathalie ont accompagné Julie pour sa première rentrée scolaire. Depuis quelques mois ils se préparent à franchir cette nouvelle étape : ils en ont souvent parlé avec leur fille, ils ont visité l'école, ils ont acheté un tout petit cartable qui attend sagement au pied du lit de Julie depuis le retour de vacances. Ils n'ont pas très bien dormi la nuit précédant ce jour tant attendu, ils se sentent tout à coup vieillis, investis de responsabilités graves. La veille au soir, Serge a regardé dans le dictionnaire la définition des mots « école maternelle ». Il a ri en lisant tout haut à Nathalie : « L'école maternelle a été créée sous la Troisième République. Elle est laïque, gratuite et elle n'est pas obligatoire. Elle a remplacé les “ salles d'asile ” qui organisaient un gardiennage et assuraient la protection infantile des classes défavorisées. Elle prépare à l'instruction, sans obligation ni sanction. Les notions de résultats, de compétition sont étrangères à son fonctionnement. L'école obligatoire ne débute qu'à 6 ans. »

Les objectifs de l'école maternelle ont bien changé !

Les écoles maternelles françaises ont à juste titre très bonne réputation, il paraît que ce sont les meilleures du monde. Les enfants ont à leur disposition un matériel pédagogique réfléchi et adapté. Ils ne manquent ni de pots de peinture, ni de papier, ni de gommettes. Les livres, les puzzles, les jeux éducatifs occupent les rayonnages de la bibliothèque de la classe. Les jouets sont adaptés au goût des enfants. Les classes sont régulièrement repeintes de couleurs vives et organisées en coins jeu, repos, travail, dessin, activités manuelles, offrant au petit des repères stables. Il y a parfois une tortue, un aquarium ou un lapin, animal familier que les enfants emportent à la maison pendant les vacances.

Le projet pédagogique

Le projet pédagogique reste centré sur l'épanouissement de l'enfant sans tenir compte de performances strictement intellectuellles. Les activités proposées visent à permettre son développement harmonieux. Les activités corporelles, exercices de psychomotricité, de latéralisation, de connaissance du corps, alternent avec les activités esthétiques, dessin, peinture, modelage, irremplaçables pour permettre à l'enfant d'exprimer son affectivité, utiliser des outils comme ceux des adultes. Les activités ludiques sont prises très au sérieux par les enseignants : le jeu à l'école, solitaire ou en groupe, est un temps fort de la journée d'école permettant d'intégrer les moments de tension, d'agressivité, de joie ; ou de recréer la sécurité de moments passés à la maison, avec maman à la cuisine, avec papa quand il bricole, retrouvant l'ambiance familiale quittée pendant des heures qui peuvent paraître interminables à l'enfant loin de chez lui. Quand on demande à un enfant ce qu'il fait à l'école, presque invariablement il répond : « Je joue », ce qui a pour effet immédiat de contrarier ses parents qui s'empressent d'ajouter qu'il a réussi un collage de gommettes où il fallait distinguer le dedans du dehors et qu'il maîtrise déjà la ligne de vagues sans rature.

Les activités de langage sont aussi très valorisées ; par les livres, les chansons, les histoires, l'instituteur veille à l'articulation, la prononciation, la construction des phrases, et surtout à l'enrichissement du vocabulaire. Parmi les idées toutes faites sur l'enfance, il en est une qui est tenace : l'enfant qui parle très peu, ou très mal, découvrira en quelques semaines le langage à l'école. Cette idée préconçue est bien loin de la réalité : les troubles du langage de l'enfant relèvent de mécanismes infiniment plus complexes et passent souvent inaperçus si la maîtresse est débordée par une classe surchargée. Mais, par contre, chaque parent a fait l'expérience de mots inhabituels, de phrases complexes, d'expressions riches de sens et bien adaptées comme aussi des gros mots de cour de récréation qui franchissent le seuil de la maison où ils étaient inusités.

Les activités à proprement parler intellectuelles et didactiques : observation, jugement, mémoire, initiation à la lecture et à l'écriture, ne débutent qu'en fin de deuxième année pour occuper plus de temps en dernière année de maternelle. Du moins en théorie. Car la pression pour des résultats objectifs, mesurables par les parents et les maîtres, est de plus en plus forte, et on voit s'installer une compétition entre les écoles pour, dès la maternelle, des résultats qui ne tiennent compte que de notre jugement d'adulte cartésien attaché aux échelles de savoir codifées pour mesurer « l'intelligence » des enfants ; comme si celle-ci ne prenait sens que dans les chiffres, les lettres, la mémoire immédiatement appliquée à briller au bon moment. Pourtant, l'apprentissage proprement dit n'est pas du recours de la maternelle.

Une adolescente de 15 ans avec qui j'évoquais des souvenirs d'enfance me demanda à brûle-pourpoint ce que voulait dire « Teotihuacan ». C'était le premier mot qu'elle avait appris à écrire à l'âge de 4 ans ; elle se souvenait des lettres rondes tracées par la maîtresse sur le tableau noir et elle y associait un souvenir trouble et mystérieux où se mêlaient des couleurs de fête de fin d'année, d'odeur de maïs et de crêpes épaisses. Elle en avait fait un mot secret qu'elle se répétait parfois pour s'endormir et dont elle n'osait chercher le sens dans le dictionnaire de crainte de perdre le mystère de l'imagination.

Serge et Nathalie n'ont pas hésité longtemps avant de mettre Julie à l'école avant son troisième anniversaire. Ils trouvent qu'elle s'ennuie à la crèche, dans un univers de bébé ; ils ont hâte de voir éclore ses capacités intellectuelles. Elle parle bien, elle est propre depuis longtemps, elle se débrouille seule pour manger et enfiler son manteau, elle recherche la compagnie des autres enfants, elle est sociable et gaie. Serge et Nathalie ont bataillé pour que Julie soit dans la bonne école, dans la bonne classe. Ils avaient déjà fait l'expérience des listes d'attente pour la crèche et, bien que conscients du phénomène de mode, ils ne veulent prendre aucun risque pour l'avenir, craignant déjà que la réussite scolaire de Julie ne dépende de cette première rentrée. Grâce à une amie employée à la mairie, ils ont obtenu une dérogation du maire pour que leur fille soit dans l'école qui a la meilleure réputation dans le quartier. Ils pensent se conduire en parents responsables en jouant la carte du savoir, oubliant que pour un enfant de 3 ans l'épanouissement, la joie d'avoir un monde à lui avec des camarades de son âge sont aussi importants que l'acquisition de connaissances concrètes. Déjà se profile l'entrée à Polytechnique. La dernière année de maternelle s'appelle d'ailleurs la mat-sup ! Horreur !

Ils ont discuté pendant des heures pour savoir s'ils choisiraient l'école publique ou l'école privée. Cette dernière met en avant la scolarité ultérieure, les années de primaire, voire de collège, insistant pour que les habitudes de travail se prennent dès le début, promettant des résultats en accord avec les exigences de sérieux qu'ils imposent. Les classes sont homogènes, les enfants sont du même niveau social. Mais la demande est supérieure à l'offre et les enfants sont souvent trente ou trente-cinq par classe. Serge et Nathalie ont finalement opté pour l'école publique : la scolarité est gratuite, les moyens alloués par l'Éducation nationale plus élevés, il n'y a que vingt enfants par classe, et Julie pourra s'y rendre à pied. Un centre aéré fonctionne pendant les vacances. Le brassage des populations ne gêne pas Serge et Nathalie : quelle importance à trois ou quatre ans ! Au contraire, Julie ne peut que tirer profit de rapports avec des camarades différents ; d'ailleurs, le monde auquel elle sera confrontée quand elle aura vingt ou trente ans sera cosmopolite. Ils ont déjà rencontré quelques parents du quartier et envisagent des échanges, des invitations. Eux-mêmes ont fait toutes leurs études dans le public.

Les parents reproduisent souvent inconsciemment l'éducation qu'ils ont reçue. S'ils ont été élevés dans une école religieuse, leurs enfants prendront le même chemin ; tandis que, au contraire, ceux qui ont fréquenté l'école publique préfèrent ce mode d'enseignement. Ils ont confiance dans les modèles qui ont forgé leur personnalité et apprécient de retrouver des habitudes connues. La transmission transgénérationnelle du savoir et de la culture passe par cette identification réciproque parents-enfants.

Thibault était dans l'école même où son père avait suivi toute sa scolarité. En dernière année de maternelle, il retrouva la même maîtresse, proche de la retraite, toujours aussi revêche et sévère, plus aigrie encore vingt ans après. Son père se souvenait qu'il avait été bien malheureux cette année-là. Lorsque Thibault commença à pleurer tous les matins pour aller à l'école, lorsque des petits accidents de pipi dans la culotte se reproduisirent quotidiennement, son père fut instantanément en empathie avec lui. Il sentit remonter en lui toute l'agressivité qu'il avait ressentie pour cette maîtresse peu avenante. Il tenta de parler avec Thibault, lui expliquant qu'il était lui aussi passé par là, qu'il avait surmonté ces difficultés, mais le ton n'y était pas, et il comprit rapidement que son fils reproduirait un schéma qu'il ne connaissait que trop bien. Il demanda un changement de classe et l'obtint, le directeur se montrant compréhensif, pressentant des motivations familiales lourdes de signification. Thibault fit une bonne année, trouva une complicité nouvelle avec son père, évoquant les classes, le grand tableau noir, la bibliothèque en désordre, la cour et les marrons qui, à l'automne, remplissaient les poches, la loge de la concierge devant laquelle on passait en se baissant les jours où l'on était en retard ; et le samedi, ils éprouvaient une joie complice en passant chez la boulangère acheter des sucreries qu'ils se partageaient en riant.

L'école à 2 ans

Pour sa première rentrée, Julie porte crânement ses 2 ans et demi, son cartable et sa jolie petite robe plissée. Elle a le cœur aussi serré que ses parents.

Trouvant mille excuses pour mettre leur enfant à l'école dès 2 ans, peu de parents reconnaissent que c'est en fait un mode de garde bien pratique. L'école est gratuite, alors que la crèche coûte cher ; comme tant d'autres, Serge et Nathalie ne sont pas fâchés d'alléger leur budget, d'autant qu'ils envisagent d'avoir un deuxième enfant. Le critère économique joue un rôle important bien que rarement avoué dans le choix de mettre son enfant à l'école dès son plus jeune âge.

L'école est au coin de la rue. Finis les réveils matinaux du bébé que la maman emporte encore endormi dans le bus ou le métro jusque chez la nourrice ou à la crèche de l'entreprise. Terminés les bavardages avec l'assistante maternelle ou les puéricultrices qui mettent toujours la mère en retard à son travail le matin. L'école est ouverte de 8 h 15 à 18 h 30, cinq jours et demi par semaine. Les parents peuvent même y laisser leur petit bonhomme le samedi matin pour faire des courses tranquillement.

Les petites vacances reviennent trop souvent ? Les centres aérés fonctionnent toute l'année avec des animateurs dynamiques et pleins d'idées, les enfants sont enchantés de ramener chaque soir des rouleaux de carton transformés en poupées, des empreintes de leur main dans la glaise ou quelques fleurs tressées. Ils profitent des grandes sorties organisées avec visite de musées, de zoos, de jardins botaniques. Tandis qu'à la maison, le mercredi ou pendant les vacances, ils tournent en rond, regrettent leurs amis, regardent trop la télévision.

Les grands-parents acceptent d'ailleurs plus volontiers de prendre leurs petits-enfants pendant les vacances maintenant qu'il n'y a plus de couches à changer, de soupe de légumes frais à préparer, et qu'ils craignent moins les accidents domestiques. Ils peuvent surveiller du coin de l'œil le gamin jouant dans le jardin. Ils ont le sentiment gratifiant de participer à son éducation en lui lisant un livre, en corrigeant la tenue à table trop négligée, en jouant avec lui aux dames ou aux dominos, en lui imposant de bonnes siestes et de longues nuits de sommeil.

Serge et Nathalie sont confiants.

Que ce soit pour résoudre l'épineux problème de garde ou dans un souci de performance, il faut donc mettre son enfant à l'école très jeune. Actuellement, 34 % des enfants sont scolarisés à l'âge de 2 ans ; 90 % des enfants de 3 ans vont en maternelle et 100 % des enfants de 4 ans fréquentent l'école. Le seul critère de refus d'un enfant en maternelle est un critère de place disponible ; 30 à 35 enfants par classe représente déjà un effectif excessif sinon intolérable. En principe, il ne devrait pas y avoir plus de 20 enfants par classe, encadrés par l'instituteur et une assistante maternelle en petite section. Cet objectif est rarement tenu.

Dans les autres pays, on parle de jardin d'enfants, ce qui a l'intérêt de ne pas appliquer déjà l'étiquette de scolarité à ce qui n'est pour le tout-petit qu'une forme de garderie. L'état d'esprit n'est pas le même pour les parents comme pour les enseignants. En France, l'institutrice de première année de maternelle pourrait aussi bien faire la dernière année de primaire, le CM2. Et certaines très jeunes femmes, même pleines de bonne volonté, n'ont aucune idée des besoins affectifs du petit enfant. Remplies du savoir qu'elles viennent tout juste d'acquérir, souhaitant transmettre une éducation livresque et pleine d'idéaux aux enfants qu'elles ont en charge, elles sont désemparées d'être confrontées à un rôle presque exclusivement maternant et trouvent bien difficile de s'adapter à chaque cas particulier. Et pourtant, elles doivent s'occuper de trente cas particuliers !

L'ambition affichée et insensée d'obtenir 80 % de bacheliers, et les sondages qui, régulièrement, annoncent que l'enfant a plus de chances de réussir des études supérieures s'il a passé quatre années en maternelle favorisent une scolarisation précoce. Or les sondages, qui s'adressent à un public instruit, ne tiennent aucun compte de l'environnement socioculturel, et vont dans le sens d'un courant rassurant et flatteur pour les parents.

Cette vogue de l'école à 2 ans touche toutes les classes sociales. Elle est peut-être souhaitable pour l'enfant issu d'un milieu défavorisé pour lequel l'école semble le seul moyen d'échapper au cadre familial et de permettre l'intégration. Encore que cette rupture radicale, souvent non préparée, puisse être discutable. L'école devenant un milieu incompréhensible (à tous les sens du mot) pour cet enfant abruptement séparé de sa mère qu'il n'a jamais quittée, laissant à la maison un ou deux frères ou sœurs, ravivant ainsi sa jalousie. Plus qu'un autre, il risque de subir un mode de garde qu'il n'a pas choisi, incapable d'exprimer son désarroi, gardant une rancœur devant ce lieu étranger qui le sépare de ses traditions, de ses habitudes, trouvant bien peu adaptée l'affection de la maîtresse, creusant ainsi le lit de rivières de non-dits, de mal-dits, qui s'appelleront plus tard échec scolaire.

Mais aujourd'hui, ce sont surtout les parents de niveau socioculturel élevé qui demandent pour leurs enfants une entrée en maternelle précoce, que la mère travaille ou non. Ils souhaitent favoriser les apprentissages scolaires et anticipent la réussite ultérieure, comme si l'équation était évidente : école à 2 ans, bac à 17 ans, diplôme à 22 ans. Une voie forcément royale. Ainsi cette remarque surprenante d'une directrice d'école dans le sud de la France, qui expliquait le plus sérieusement du monde à une jeune maman venue inscrire sa fille qu'elle n'avait pas de place, car elle était dans un quartier riche où la scolarité débutait très tôt pour permettre des classes de niveau homogène, garantes de l'avenir des enfants qui lui étaient confiés.

L'enfant gardé à la maison par sa mère est souvent le premier à prendre le chemin de l'école. N'est-ce pas le témoin d'une certaine culpabilité maternelle ? Une façon de ne pas perdre de temps pour la course aux études qu'elle-même n'a su mener à terme ? Pourtant, pour l'enfant, c'est une douloureuse épreuve de séparation, même si sa maman est toujours là à 11 h 30 et le garde à la maison le jour où il a de la fièvre. Il ne comprend pas très bien pourquoi sa mère, ne travaillant pas, veut rester toute seule à la maison. Il entend parler du « grand soulagement quand il sera scolarisé », il écoute, étonné et sans rien dire : « Vivement la rentrée », « Ouf », « Enfin, je vais pouvoir penser à moi, faire de la gym. » Il est donc moins important qu'un cours de gymnastique ?

Dès que le cher petit a 2 ans, sa maman fait le siège de la directrice, elle promet qu'elle le laissera à mi-temps, qu'elle accompagnera souvent les sorties d'école, elle plaide la cause de son enfant trop chouchouté à la maison : il s'ennuie et pourtant il est déjà si dégourdi ! Et la directrice préfère avoir à mi-temps un enfant dont la mère est disponible plutôt qu'un bambin déposé le matin en courant et repris le soir à la dernière heure par des baby-sitters indifférentes.

Il faut lutter contre une scolarisation trop précoce et les pédiatres commencent à entrer en guerre contre cette solution de facilité. L'école n'est pas plus une garderie qu'une pépinière de petits génies. Il faut créer des crèches et des ateliers gratuits et non ouvrir de nouvelles classes d'enfants de moins de 3 ans. Certes, créer une classe avec une seule institutrice pour 30 enfants coûte moins cher à la collectivité que des sections de crèche avec une puéricultrice pour 5 enfants, mais comment chiffrer le coût des retards scolaires, des orthophonistes, des cours de soutien, qui tentent de rattraper ultérieurement ceux qui sont saturés d'école, ceux pour qui l'affection maternelle a tant manqué à l'âge où la personnalité s'ébauche ?

Car l'entrée à l'école est une épreuve redoutable pour tous les enfants. Qui n'a en mémoire les premiers jours où on abandonnait son enfant en larmes ? Il n'y a pas de période d'adaptation à l'école : une des règles n'est-elle pas qu'il n'est plus temps de s'attendrir et que l'enfant doit apprendre à surmonter sa détresse, que les parents ne restent pas dans la classe, que tous les enfants s'habituent ? Tous ?

Que penser alors des troubles du sommeil, des cauchemars, des pipis au lit de la première année d'école ? Ils sont souvent acceptés avec bonhomie, reconnaissance souriante de difficultés transitoires, autorisant dans le meilleur des cas une certaine sollicitude. Leur pérennité entraîne un agacement, puis l'installation d'un langage de sourds. L'enfant dit : « Je fais pipi au lit parce que je suis malheureux, je n'aime pas l'école » ; et les parents répondent : « Si tu fais encore pipi au lit, c'est que tu n'es pas un grand, tu ne réussiras pas à l'école. » Alors l'enfant réplique dans sa tête : « Mais si, je suis un grand, je travaille très bien, je fais tout ce que veut la maîtresse, elle dit que je suis brillant ; mais ça me fatigue beaucoup trop tous ces efforts, il faut bien que la nuit je puisse échapper à toute cette pression, à toutes ces contraintes, il faut bien que je fasse pipi au lit pour m'autoriser à être encore un peu petit. »

L'heure n'est pas toujours venue, à 2 ans, à 3 ans, d'investir dans le savoir intellectuel. L'enfant doit encore construire sa personnalité, apprendre à se différencier de ses parents, de ses frères et sœurs, de ses camarades. Il doit découvrir son autonomie pour manger, dormir, s'habiller. Son corps l'étonne, il le découvre peu à peu ; l'image du bonhomme qu'il dessine à 4 ans montre combien sa perception est encore floue, même s'il est déjà adroit. Il n'est pas encore un grand. Il craint d'être privé de l'amour de maman, trouvant bien insuffisante l'affection de la maîtresse qui n'entend pas jouer le rôle de substitut maternel.

Je n'oublierai jamais cette remarque extraordinaire d'une petite fille de 4 ans. Sa maman m'expliquait combien Chloé aimait l'école, comme elle y allait avec joie et s'enthousiasmait de toutes les activités ; admirative de l'ingéniosité de la maîtresse qui proposait chaque jour un large éventail de jeux, de chansons, de thèmes de découvertes se traduisant en dessins et modelages, cette mère s'étonnait que certains enfants s'ennuient à l'école ; et Chloé qui écoutait en jouant à la dînette à l'autre bout de la pièce a répliqué : « Si un enfant s'ennuie à l'école, c'est qu'il ne voit pas assez sa maman. » Est-il besoin d'ajouter un commentaire ?

L'enfant n'a pas toujours besoin du langage pour exprimer sa joie, son chagrin ou sa colère. Certains d'entre eux jouent des mots avec virtuosité, étonnant par leur mémoire, leur vocabulaire ; mais, de même que l'enfant comprend beaucoup de choses avant de savoir parler, il engrange les affects bien avant de pouvoir les dire. L'enfant qui n'avait pas besoin des mots pour traduire son attachement à sa vie familiale, traité sans tendresse par des maîtresses trop occupées, risque de se lasser des longues heures d'école. Il se sent trop tôt privé d'un morceau d'enfance. Lorsque les apprentissages deviennent indispensables, il n'y voit que répétition et cherche l'évasion dans une rêverie qui l'entraîne bien loin des règles de grammaire et des tables de multiplication. Les mamans se souviennent-elles alors des recommandations du pédiatre qui les mettait en garde alors qu'elles trouvaient leur petit assez précoce pour entrer à l'école avant 3 ans ?

L'entrée à l'école ne devrait pas dépendre uniquement du calendrier civil, avec début obligatoire au mois de septembre. Bien difficile à mettre en place, l'idéal serait pourtant de prendre en compte chaque enfant individuellement. Puisque l'enfant est devenu un personnage clef de notre société, pourquoi ne pas aller au bout de la logique qui veut son épanouissement et son bien-être avant tout ?

Ainsi Caroline, petite dernière d'une famille nombreuse, se voit interdire l'école car elle est née en janvier, alors qu'elle est habituée à faire les sorties de classe depuis qu'elle est née, connaît toutes les maîtresses par leur nom et s'ennuie à la maison sans le brouhaha de ses frères et sœurs, gardée par une employée plus occupée à faire le ménage qu'à éveiller son intelligence. Tandis que Sébastien, né au mois de décembre, enfant unique surprotégé par sa mère qu'il n'a jamais quittée, entre à l'école à l'âge de 2 ans 8 mois, alors qu'il est incapable d'assumer une collectivité élargie, qu'il n'a jamais fréquenté l'atelier, qu'il est timide et chétif et aura bien du mal à affronter la cour de récréation.

Il n'est pas obligatoire de se plier à la mode ou aux impératifs dictés par la directrice de l'école : ce sont avant tout les parents qui, connaissant leur enfant, doivent réfléchir au meilleur moment pour le mettre à l'école.

Olivier est l'aîné, il aura 4 ans en juillet. Son frère a

2 ans. Leur maman travaille à mi-temps et les enfants aiment jouer à la maison. Olivier est un enfant réfléchi, calme, qui prend son temps pour jouer, manger ou regarder un livre. Sa maman décide de le mettre à l'école à 4 ans révolus, jugeant à juste titre qu'il est dans de bonnes conditions à la maison. La directrice de l'école maternelle, soupçonneuse d'emblée devant une telle marque d'indépendance, lui dit que c'est impossible : les classes étant constituées dès l'âge de 3 ans, les nouveaux ne peuvent être admis qu'en fonction d'hypothétiques déménagements, dont elle est prévenue en dernière minute. Puisque Olivier n'a pas été scolarisé « normalement » à 3 ans, il n'est pas compté dans les effectifs de l'école et il est bien improbable qu'il puisse entrer avant Noël ou Pâques. La directrice promet quand même à sa mère de lui téléphoner en temps utile...

Olivier est finalement accepté dans une autre école, un peu plus loin de son domicile, mais les choses se gâtent de nouveau lorsque la maman explique qu'Olivier n'ira pas en classe l'après-midi car il fait encore de grandes siestes, et qu'elle-même, ne travaillant que le matin, a envie de l'emmener jouer au parc ou de s'occuper de lui à la maison. La maîtresse lui déclare que c'est impossible : il est dans la section des moyens et, à 4 ans, les enfants n'ont plus besoin de sieste. Les activités de l'après-midi sont indispensables pour le développement psychique harmonieux de l'enfant : il ne pourra pas s'adapter dans ces conditions à l'école et sera certainement en échec pour aborder le CP ! Elle a un programme à tenir et les heures du matin ne suffisent pas. La mère d'Olivier ne cède pas mais il lui faut un mot de son pédiatre pour confirmer que son fils a encore besoin de faire la sieste, comme d'ailleurs beaucoup d'enfants de 4 ans. Force est pour la maîtresse de reconnaître au bout de quelques mois qu'Olivier est parfaitement adapté à la classe, mais elle se montre exigeante et plus sévère avec lui qu'avec les autres enfants, et c'est une bonne chose qu'Olivier ait sa maman pour lui tout l'après-midi pour compenser un démarrage de l'école pour le moins houleux... Le conflit entre sa mère et la maîtresse suscite la crainte et le doute dans son esprit.

Olivier a appris seul à lire l'année suivante à 5 ans, il est très équilibré et possède une personnalité riche et curieuse. Les à priori sont toujours mauvais conseillers en pédiatrie et les parents attentifs sont souvent les meilleurs juges. L'enfant a encore devant lui de longues années d'école.

Les rythmes scolaires

L'école impose des contraintes de rythme, d'espace, de bruit, auxquelles il faut bien réfléchir.

Pouvez-vous imaginer de travailler dix heures par jour dans un bureau commun avec vingt-neuf de vos collègues ? Surtout s'ils sont agités, toujours en mouvement. Certains se disputent sans arrêt tandis que d'autres parlent à voix haute pendant que le chef donne les consignes de la journée. Il y a celle qui pique tous les jours une crise de larmes, tandis que la chouchoute minaude et que le boudeur reste renfrogné dans son coin, mettant tout le monde mal à l'aise.

Pouvez-vous imaginer de manger tous les jours à la cantine, dans le vacarme, une nourriture que vous n'appréciez guère, et justement assis à côté du collègue qui vous agace (vous faites trop de bruit en riant avec votre meilleure amie, et les remarques désobligeantes de vos associés vous ont imposé de déjeuner séparément) ?

Pouvez-vous imaginer la pause café dehors, par tous

les temps, à la même heure pour tous, dans le brouhaha général ?

Alors pouvez-vous imaginer la journée des enfants de 2 ans soumis à un tel rythme ?

Si vous trouvez votre journée de travail fatigante, bruyante, soumise à des obligations que vous ne contrôlez pas, qu'avez-vous envie de faire, le soir, en rentrant chez vous ? Avez-vous vraiment envie de manger ce dîner insipide, préparé à la hâte ? Avez-vous envie de vous plonger dans la lecture d'un livre difficile ? Vous n'osez pas aller vous coucher trop rapidement : la télévision vous invite à passer une heure ou deux à regarder défiler des images, confortablement installé, passif, vous offrant même un bon sujet de discussion pour le lendemain avec vos collègues de bureau.

Comment se passe la journée de votre enfant dans le bruit de l'école ? Ajoutez un zeste de fatigue car il s'est levé trop tôt et a fait la sieste dans de mauvaises conditions. Pensez-vous qu'il soit prêt, le soir, à devenir l'enfant idéal dont vous avez rêvé à votre travail ? Il rentre trop tard pour aller courir au square, il retrouve un appartement exigu, et son père lui rappelle à tout propos que les voisins se sont plaints du bruit qu'il fait en roulant ses camions dans le couloir. Après avoir fait plaisir à ses parents en chantant une chanson ou en faisant un puzzle, son refuge sera aussi la télévision. Avec un peu de chance il regardera « Des chiffres et des lettres » et vous serez en admiration devant ses capacités d'apprentissage (« C'est merveilleux, il a appris à lire tout seul »), mais il préfère de loin le dernier épisode des « Chevaliers du zodiaque » et la publicité dont il peut lui aussi parler avec ses copains le lendemain.

L'heure du bain et du dîner est vite arrivée et, après une journée où l'enfant aura été sans cesse occupé activement ou passivement, espérons que ses rêves lui apporteront un peu de fantaisie et de liberté.

Certains enfants ne savent pas exprimer la fatigue d'une journée d'école. Ils se plient très bien aux disciplines scolaires ou familiales et s'adaptent à toutes les situations nouvelles ; pour eux, la vie semble facile. Les parents sont habitués à l'agitation brouillonne et inefficace des fins de journée. Ils trouvent toujours que tout va bien, attentifs surtout à éviter les conflits et à organiser leur vie et celle de leur enfant sans jamais se remettre en question. Ainsi la vie passe, l'enfant accumule des couches d'indifférence, il n'essaie pas de sortir du moule et d'acquérir des armes pour se battre, il ne sait pas qu'il a en lui l'énergie suffisante pour rompre la monotonie d'une vie d'école qui se transformera à l'âge adulte en routine d'une vie de bureau.

Le petit enfant cherche avant tout à faire plaisir à ses parents. S'ils sont fiers qu'il soit rentré à l'école, si cela les arrange qu'il reste dix heures par jour dans le même lieu clos, ils sauront inconsciemment le lui faire accepter, et l'enfant n'aura pas l'idée de discuter ce qui lui semble forcément excellent puisque venant des personnes qu'il aime et respecte le plus au monde.

Ainsi, Nathalie, ravie que Julie quitte la crèche, visitant avec enthousiasme une petite école propre et soignée, pense en toute bonne foi que sa fille va s'épanouir. Elle ne prend pas tout de suite conscience des tensions imposées par un rythme harassant. Elle le comprend lorsqu'elle retrouve le soir une enfant tout à fait différente de celle qu'elle connaissait jusque-là, fatiguée, agitée, instable, incapable de jouer cinq minutes au même jeu. À l'occasion d'une visite chez le pédiatre où Julie est particulièrement odieuse, énervée, pleurnichant, refusant de se laisser examiner, traînant un gros rhume depuis quinze jours, Serge et Nathalie prennent le temps de réfléchir avec le médecin aux raisons du changement de leur enfant. Habitués aux journées continues de la crèche, ils ont gardé le même rythme à l'école et profitent du centre aéré le mercredi et pendant les vacances. Les grands-parents habitent en province et ils travaillent encore : ils ne sont donc pas au rythme des vacances scolaires de leurs petits-enfants. Mais l'école n'est pas la crèche. Pensez simplement qu'une seule classe de maternelle équivaut à toute une section de crèche. La récréation, la cantine regroupent une centaine d'enfants avides de courir et de crier. Si les instituteurs ne travaillent pas dix heures par jour, cinq jours par semaine, onze mois par an, c'est que le rythme est épuisant et qu'ils ont besoin de longues interruptions pour rester disponibles. Serge et Nathalie ont compris que dix heures d'école par jour, c'était trop. Malgré le sacrifice financier que cela entraînera, ils ont trouvé une jeune étudiante qui ira chercher Julie plus tôt et la gardera au calme jusqu'à leur retour ; le mercredi, elle restera à la maison, jouera au jardin, et tant pis si elle n'est pas occupée toute la journée et si elle s'ennuie un peu. Au moins aura-t-elle des moments de répit pour remettre un peu d'ordre dans sa tête.

Car, à l'école, elle est soumise à des sollicitations multiples. Elle s'applique avant tout à suivre les consignes de la maîtresse. À cet âge, les capacités d'attention de l'enfant sont très labiles ; l'emploi du temps de la journée en tient compte mais, si les activités changent, elles n'en sont pas moins toujours dirigées dans un but d'apprentissage. Julie a bien d'autres pensées. Elle veille à se tenir éloignée de ce garçon d'une tête plus grand qu'elle, qui la frappe chaque fois qu'il passe près d'elle ; elle tente au contraire de faire la conquête de Maureen, qui préfère pourtant jouer avec

Anita. Pendant de longues minutes, elle se demande comment sa mère réagira en voyant l'accroc qu'elle a fait à son chemisier neuf. Peut-être que si elle va vite au bain et qu'elle le met au linge sale avant que sa mère ne le voie, elle ne sera pas grondée. Elle pense beaucoup à ses parents. Que font-ils pendant qu'elle est à l'école ? Elle n'a jamais compris en quoi pouvait bien constituer leur travail. Ce matin, son frère est parti en classe avec sa balle bleue. Ne l'a-t-il pas perdue à la récréation, comment fera-t-elle pour la lui reprendre ? Il est toujours à lui chiper ses affaires et à l'embêter, il faudrait peut-être en parler à maman. Est-ce que demain il y a école ?

Le dogme selon lequel l'enfant doit s'adapter à la collectivité est encore plus vrai à l'école qu'à la crèche, c'est d'ailleurs clairement affiché comme étant un des objectifs de la maternelle. Une seule institutrice doit gérer une classe de trente enfants : elle ne peut y parvenir que si elle a devant elle un ensemble homogène répondant à l'idée qu'elle-même se fait de l'enfant et de l'enseignement qu'elle veut donner.

Les programmes sont réfléchis et rodés, la progression du dessin du bonhomme donnant la température de la classe tout au long de l'année. Julie, appliquée, commencera par un simple gribouillage en début de maternelle, puis dessinera un bonhomme têtard avant que n'apparaissent des jambes et des bras puis des mains et des cheveux, pour finir en grande section par un dessin structuré garçon ou fille, dans un paysage où le soleil, les fleurs et la maison tiennent une place importante.

Julie aura un temps de parole et de chant qui enrichit son vocabulaire de mots nouveaux qui feront l'admiration de Nathalie.

Julie abordera la psychomotricité en faisant des cabrioles.

Julie s'initiera aux mathématiques à travers les puzzles et les gommettes, en manipulant les formes et les couleurs.

Julie appréciera de trouver en abondance pots de peinture et crayons de couleur, alors que sa maman redoute leur apparition à la maison à cause du joli papier qui tapisse sa chambre.

Julie découvre un vrai coin-cuisine, tellement plus amusant que la dînette que sa maman a achetée à la kermesse et qui s'est tout de suite cassée. Elle adore le coin-repos en mezzanine et y monte rien que pour se cacher dans les grands coussins colorés.

Julie a bien de la chance d'être avec une maîtresse pleine d'idées, dans une classe lumineuse.

Julie a de la chance d'être comme Stéphanie, Mohamed, Guillaume, Élise, Roberto, Marie, Tania et Alexandre.

Pourtant, ils sont bien différents ! Ils évoluent chacun à leur rythme, sans norme préétablie. Marie parle comme un livre tandis que Mohamed sait déjà boutonner son manteau et qu'Alexandre se situe facilement dans l'espace et dans le temps. Tania a fait d'emblée des dessins élaborés tandis que Guillaume a tout de suite compris comment faire une galipette arrière. Ils s'observent et tentent de mettre en valeur leur originalité et de se distinguer des autres enfants du groupe et des adultes qui s'occupent d'eux. C'est difficile d'apprendre à maîtriser son agressivité et son anxiété devant des situations nouvelles. C'est pourtant cela la vie en collectivité : apprendre à comparer, à distinguer, à disjoindre apporte à l'enfant une réalité qui lui est propre, faisant de lui une personne à part entière, autonome, distincte des êtres qui l'entourent et de leurs relations réciproques.

L'école permet l'apprentissage de la vie sociale plus que du savoir. Les enfants ne s'y trompent pas. Marie voudrait savoir boutonner son manteau et admire Mohamed, Guillaume rêve de dessiner un arbre et Tania s'entraîne chez elle aux galipettes. Pour eux, les priorités n'existent pas. Le savoir, la motricité, l'amitié relèvent du même désir de se valoriser à leurs yeux et à ceux de leurs camarades.

La diversité de la classe

En maternelle, il existe souvent trois groupes : les bons élèves, les durs et... les autres.

Les « bons élèves » se reconnaissent dès la première année. Ce groupe de quatre ou cinq enfants est à l'aise, bien intégré dans l'école. Ils ont déjà un langage élaboré, un vocabulaire riche. Ils mènent la classe et sont gratifiants pour les maîtresses car ils comprennent vite, évoluent régulièrement tout au long de l'année, tirent un profit évident des apprentissages préscolaires. Leur milieu familial est en général stimulant ; ils ne restent pas à la garderie et partent toutes les vacances scolaires à la campagne, à la mer ou à la montagne selon la saison. Les parents parlent souvent à la maîtresse et à la directrice, l'enfant est rassuré par cette cohésion qu'il sent entre le milieu familial et l'école, chacun porteur d'expériences complémentaires. Cette « tête de classe » profite pleinement de ces années heureuses de maternelle. Les enfants sont sans cesse valorisés car leurs dessins sont toujours affichés, leur bricolage exposé, leur histoire écoutée. Ils en tireront un amour-propre bien établi, une aisance que beaucoup leur envient. Ils cherchent à faire plaisir à leurs parents et à la maîtresse et sont récompensés de leurs efforts. Certains sont calqués sur un modèle adulte, parfois au détriment de leur imagination propre qui, en apparence fertile, repose souvent sur un jeu de miroirs qui reflètent l'adulte initiateur de ces enfants modèles. Ils sont enviés de leurs camarades qui à 3 ans admiraient surtout l'habileté motrice et la facilité d'adaptation de Roberto ou de Guillaume, mais à 5 ans tentent de copier Marie ou Alexandre qui lisent déjà si bien.

Le deuxième groupe est le groupe des « durs », en général des garçons, batailleurs, bruyants, brouillons, habitués à faire la loi chez eux, ou à ne pas en avoir, qui ne respectent aucune consigne. S'érigeant en chefs de bande, ils terrorisent les timides et suscitent l'admiration des faibles. Leurs pantalons ne résistent pas trois jours, ils sont toujours débraillés et ne peuvent faire de la peinture sans en recouvrir leur chemise et leur figure. Ils sont vifs et intelligents, capables de réussir rapidement un travail à condition d'être intéressés. Mais ils perturbent la classe, demandent sans cesse une attention particulière, et mettent parfois en péril l'autorité de la maîtresse par des commentaires impertinents. Les parents sont souvent convoqués car les enseignants savent bien que ces enfants ne connaissent pas de limites à la maison et imposent partout leur loi. Les remontrances sont rarement suivies d'effet car au fond d'eux-mêmes les parents sont très fiers d'avoir un enfant bagarreur, ce consentement tacite confortant l'enfant dans son comportement agressif. L'école va pourtant peu à peu les contraindre à apprendre la discipline et, lorsqu'ils abordent le primaire, ils se sont faits aux règles de la vie collective, ils savent que les autres ne les accepteront qu'à ce prix. C'est souvent au détriment de leur originalité créatrice, car ils doivent faire un effort considérable pour se plier au moule de la classe et leur personnalité s'émousse. Fatigués par une journée d'école pendant laquelle ils sont sans arrêt obligés de se maîtriser, ils n'ont, en rentrant à la maison, pas d'autre espace de jeu que leur chambre à coucher ou le petit square voisin, et leur surplus d'énergie est rapidement affaibli par la télévision, seul moyen de les faire rester tranquilles après l'école. Trop gâtés par des parents en admiration devant leur petit caïd, ils obtiennent facilement le dernier jeu à la mode et leur chambre regorge de gadgets inutiles qui leur ont procuré une joie éphémère, destinés à apaiser quelques minutes leurs exigences tyranniques. Parents et enfants tombent dans ce double piège, la télévision et le jeu commercial, solution de facilité qui arrange tout le monde et évite aux enfants turbulents de faire des bêtises. À 5 ans, ils ont oublié le jeu créatif et l'originalité.

Et puis, dans la classe, il y a le groupe le plus nombreux, celui des enfants ordinaires. Ceux dont les maîtresses ne se souviennent pas d'une année sur l'autre. Ceux qui ressemblent à tous les enfants du monde, qui ne posent pas de problème, bien intégrés à la classe, dont les parents ne font jamais d'histoire. Ceux dont la maîtresse dit toujours que tout va bien. Ceux que les parents élèvent tranquillement, sans les étouffer sous les recommandations ou l'exigence de résultats brillants, leur apprenant simplement les règles de la vie sociale, leur laissant mener leur bonhomme de vie d'enfant.

Julie fait partie de ce groupe. Pourtant Serge et Nathalie se souviennent des premiers jours : Julie pleurait un peu quand elle est entrée dans la classe, ils avaient le cœur serré et sont restés juste derrière la porte pour écouter si ses larmes s'éternisaient, prêts à la reprendre au moindre signe. Mais la règle est stricte : en maternelle, l'enfant est grand. Il est laissé au mieux à l'entrée de la classe, au pis dans un préau inhospitalier, mais il n'y a plus de période d'adaptation et même si l'enfant sort à 11 h 30 les yeux bouffis de larmes, la maîtresse dira que tout s'est bien passé et parfois même culpabilisera la mère en lui reprochant ses propres difficultés à se séparer de son enfant.

L'enfant du groupe du milieu n'a pas le choix. Il accepte et ne pleurera que quelques jours, de moins en moins fort, pour le principe puis plus du tout. À quoi bon ? Rien ne semble attendrir la maîtresse qui en a vu d'autres.

Serge et Nathalie sont prévenus de préserver le jardin secret de Julie et surtout de ne pas lui poser de question, de ne pas essayer de savoir ce qui se passe à l'école. Tant mieux si elle chante quelques chansons mais qu'ils ne s'attendent pas à une description détaillée de la journée, et si par hasard c'était le cas ils devraient faire la part de l'invention pure et simple.

À force d'entendre dire par la maîtresse que tout va bien, que Julie est contente, qu'elle participe bien, les parents rassurés n'échangent plus qu'un bonjour rapide, le matin, avec l'institutrice, et le ronron quotidien s'installe. La maîtresse est forcément formidable, leur enfant est obligatoirement épanoui et le temps passe ainsi, laminant tranquillement et à bas bruit les jeunes personnalités. Si à 3 ans ses pleurs du matin ne sont plus reconnus comme un appel, que reste-t-il à Julie pour exprimer un refus ?

L'enfant du groupe du milieu est pris dans sa globalité et analysé en même temps que le reste de la classe. C'est ainsi que l'instituteur dira : « Cette année, j'ai une bonne classe, qui progresse vite » ou au contraire : « Quelle année difficile, tous à la traîne, incapables de se concentrer ! » en parlant d'une vingtaine d'enfants qui sont pourtant tous dans des processus de développement différents.

La famille Peyrron a déménagé au mois de février dans un logement plus spacieux en raison de la naissance d'un troisième enfant. Stéphanie, 3 ans et demi, entre en cours d'année en moyenne section de maternelle car il n'y a plus de place chez les petits. Mme Peyrron, inquiète de tant de changements dans la vie de sa fille, voit souvent la maîtresse pour s'enquérir du comportement de Stéphanie à l'école. Invariablement, la maîtresse lui répond : « Tout va bien », tout en montrant des signes nets d'agacement et en lui rappelant qu'elle n'aime pas avoir des nouveaux en cours d'année, surtout quand ils sont trop jeunes pour sa section. Elle insinue également que Mme Peyrron doit s'estimer heureuse que sa fille ait été prise à l'école et que ses questions sont déplacées. Stéphanie ne parle pas de l'école et son comportement à la maison est habituel. Mme Peyrron cesse donc de poser des questions.

Quelle n'est pas sa stupeur et sa colère quand, au mois de juin, Stéphanie ramène son dossier de peinture à la maison. Il n'y a que des gribouillages informes exclusivement badigeonnés de noir et de marron, sans une couleur, sans un soleil, sans un bonhomme, témoins évidents des difficultés de Stéphanie pour s'adapter à de nouvelles contraintes. Quand, furieuse, Mme Peyrron demande des explications à la maîtresse, celle-ci lui réplique sèchement que cette année elle avait une classe difficile, que Stéphanie n'était absolument pas au niveau (!) et qu'elle ne s'était donc pas occupée de ses dessins, considérant qu'elle avait été assez gentille d'assurer une garderie pour sa fille. Pauvre petite Stéphanie ! Heureusement elle avait à la maison une famille affectueuse et chaleureuse qui lui donnait toute la tendresse nécessaire à son épanouissement. Elle n'en voulait pas à sa mère et gardait à la maison sa gentillesse naturelle. Elle avait bien tenté, sans succès, de pénaliser la maîtresse par d'horribles dessins, mais celle-ci n'avait pas su entendre le message. Stéphanie doute depuis lors des capacités des enseignants à établir une relation d'échange et d'estime réciproque.

Si l'école est le jardin secret de l'enfant, c'est aussi le domaine réservé de la maîtresse. Elle ne souhaite pas que les parents s'en mêlent, peut-être par crainte d'être remise en cause. Il y a quelques mères disponibles qui passent du temps à parler avec elle ou la directrice, accompagnent toutes les sorties et racontent par le menu ce qui se passe à la maison. Bien organisées, elles s'arrangent avec d'autres mamans pour faire des tours de déjeuner à la maison, elles ont ainsi des journées entières de liberté, et leur enfant est ravi d'aller à droite et à gauche avec ses camarades. Mais toutes les mamans n'ont pas cette chance, la plupart conduisent leur enfant le matin à l'école puis partent travailler. C'est la majorité. Elles aimeraient ne pas toujours être exclues de l'école et pouvoir parler des difficultés que rencontre leur enfant à un moment précis pour que la maîtresse puisse pendant quelques semaines l'encourager, le féliciter, lui donner la possibilité de créer avec plaisir et d'oublier les tensions familiales du moment. Mais, intimidées par le blocage que fait l'instituteur chaque matin, elles n'osent pas entamer le dialogue. Si la naissance d'un petit frère est annoncée et prise en compte avec bienveillance, la maîtresse méconnaîtra le plus souvent des parents en instance de divorce ou un deuil familial.

Pourtant, il y a un mouvement de va-et-vient permanent entre la maison et l'école, les tensions se manifestant dans un des deux lieux de vie se traduisent aussitôt par des modifications du comportement dans l'autre. Les réactions des enfants à cet âge sont imprévisibles et individuelles. Elles ne peuvent être intégrées dans le groupe. Les parents eux-mêmes ont souvent du mal à faire la part des choses, et le pédiatre, à l'occasion de consultations, peut jouer un rôle d'arbitre et entendre le récit de la vie à la maison et à l'école pour expliquer ensuite à l'enfant comment ces deux modes de vie, qui lui semblent si différents, sont complémentaires et influencent sa personnalité, comment il peut les concilier pour en tirer le meilleur profit possible.

Il est bien regrettable que le samedi matin, où les maîtresses assurent une permanence obligatoire pour une dizaine d'enfants, ne soit pas consacré à une matinée portes ouvertes où le dialogue entre les maîtres et les parents pourrait s'instaurer pour le bonheur des enfants. Les parents abandonneraient rapidement leurs récriminations du style « Est-ce qu'il met bien son bonnet pour aller dans la cour ? » pour reconnaître le travail en profondeur fait par la maîtresse tout au long de l'année. Et les instituteurs apprendraient à écouter les parents et à accepter des modes de vie et de pensée qui ne sont pas forcément ceux de M. Tout le monde. Les pères auraient aussi plus facilement leur mot à dire dans ce milieu dramatiquement féminin. Car il faut bien reconnaître qu'à l'âge où justement l'enfant apprend à différencier les influences réciproques et la complexité des relations homme-femme, il ne rencontre que bien peu d'éléments masculins lui offrant une vision différente du monde dans lequel il vit. Il serait peut-être moins question de bonnets et de câlins, mais le petit enfant verrait que son père est aussi motivé et attentif à sa scolarité que sa mère, et que son avis est souvent mieux écouté par la maîtresse.

Le danger des performances intellectuelles

L'école maternelle apporte le premier savoir et prépare pour la grande école. Désormais, elle se veut performante ; de plus en plus il faut que les enfants soient classés, catalogués, estimés pour leurs connaissances. Les parents sont les premiers à comparer, admirer, compter les images et les gommettes qu'a reçues leur petite merveille pour la qualité de son dessin ou la récitation d'une comptine. De plus en plus souvent, la maîtresse propose quelques devoirs à la maison et il existe même des écoles qui exigent que l'enfant fasse des devoirs de vacances pour réviser le programme et ne pas risquer de « tout » oublier pendant l'été.

Sophie, 4 ans, est ainsi arrivée à Trouville, dans la grande maison familiale, avec un cartable bourré de ce qu'elle appelait fièrement son travail. La maîtresse avait dit un quart d'heure par jour ; mais le temps de s'y mettre, de retrouver les crayons empruntés par les cousins pour une partie de Cluedo, de s'enduire de crème antimoustiques, de rattraper un ballon venu voler au milieu de la table puis de faire une belle rangée de vagues et de recopier sans déborder le dessin de l'éléphant avant de réciter une comptine, une heure est passée et le programme établi par la maîtresse prend du retard. Au bout de quelques jours, la maman de Sophie se lasse et laisse tomber les devoirs de vacances. Sophie n'y pense plus. Une dizaine de jours avant la rentrée, Sophie recommence à faire pipi au lit, puis se plaint de douleurs abdominales qui motivent des consultations médicales. Le jour de la rentrée, elle a 39° de fièvre, une angine qui l'oblige à rester à la maison pendant quelques jours. Enfin prête à rentrer à l'école, elle demande à sa mère : « Tu crois que la maîtresse a déjà vérifié les cahiers de vacances ? Sinon, je crois que j'aurai encore mal au ventre. »

Est-ce l'objectif de la maternelle qui a changé ou l'idée que l'adulte se fait désormais de l'enfant ? L'école devient le reflet de la société. Après avoir été pendant si longtemps négligé dans ses aspirations et sa capacité à avoir une personnalité autonome, l'enfant d'aujourd'hui est avant tout valorisé par son aptitude à s'adapter au monde des adultes, à en être partie prenante et à ressembler aux grandes personnes. Un des exemples les plus frappants s'observe dans le domaine du vêtement. À l'âge de 3 mois, le bébé arbore son premier jeans ; à 9 mois, il est exclusivement habillé en noir et en violet ; à 3 ans, pour aller à l'école, il endosse de nouveau l'uniforme pourtant haï de ses parents, baskets, chaussettes à carreaux, blue-jeans, polo et blouson ou jogging avachi et délavé. Encore quelques années, et robes et sandalettes auront définitivement disparu de l'armoire des filles et pantalons de velours et mocassins de celle des garçons.

La mode vestimentaire est plutôt anecdotique et amusante, la mode intellectuelle est plus préoccupante. Le petit enfant doit désormais montrer qu'il est aussi intelligent, aussi savant, aussi cultivé que ses parents. Il doit sans cesse les étonner. Il doit non seulement apprendre chaque jour des choses nouvelles et enrichissantes, mais être capable de les restituer intégralement, sans fantaisie ni improvisation, et au bon moment. Or le petit enfant avant 6 ans n'a aucune tendance spontanée à investir dans le savoir purement intellectuel. Cette curiosité viendra dans un deuxième temps, lorsque sa personnalité sera mieux établie. Dans la petite enfance, il a certes besoin d'acquérir le langage, l'autonomie pour se débrouiller de tâches simples, mais toute son énergie est concentrée dans l'établissement de sa vie psychique, la construction de son moi, l'établissement de sa relation à ses parents et à ses frères et sœurs, puis aux autres adultes et aux autres enfants. Tout ce qu'il fait se rapporte à lui-même et à l'obtention d'un plaisir, qui si possible doit être immédiat. Parce que la vie est dangereuse et qu'il est entouré d'adultes et d'une société qui comprend des règles, il apprend à composer pour éviter les conflits et obtenir une valorisation de son narcissisme. Mais il est fondamentalement égoïste, faute de quoi il serait en permanence angoissé. Pour l'instant, il recherche avant tout son bonheur personnel. Beaucoup d'événements l'inquiètent également, des contradictions qu'il doit surmonter, des conflits internes difficiles à appréhender, des soucis familiaux qu'il entrevoit sans bien les comprendre. Ses incessants « pourquoi ? » abordent en réalité des problèmes existentiels qui laissent parfois l'adulte démuni, sans réponse. Les joies de l'intelligence abstraite sont pour plus tard et il se moque éperdument d'être brillant.

Or, désormais, on lui demande d'être à l'égal de l'adulte, de savoir tenir un raisonnement et de pouvoir discuter, imposer son point de vue et sa vision du monde comme une grande personne. Ses paroles sont en or, reprises, commentées, admirées. Il en est fier, mais comprend surtout que, pour plaire, il doit avant tout ressembler aux adultes qui l'entourent et l'encensent.

De plus en plus souvent, et c'est bien inquiétant, on rencontre des enfants à l'exacte image de ce que les parents attendent d'eux. Dans notre jargon, nous appelons cela un faux self ; dans le langage courant, ce sont des petits singes savants. Toujours sur le qui-vive, ces enfants ne cessent de susciter l'admiration des parents, des grands-parents, de la maîtresse et de la boulangère. Ils sont bavards, ils ont réponse à tout, ils sont assez malins pour cultiver les nouveautés apprises à l'école et les deux minutes culturelles de la télévision. Mais ils ne cherchent qu'à plaire aux autres et non à eux-mêmes, et ils oublient complètement de jouer leur aventure personnelle. Ils sont dans un état permanent de surexcitation intellectuelle qui ne laisse pas place aux sentiments. Lorsque viendra le moment, non pas de répéter comme des moulins ce qu'ils ont glané à droite et à gauche, mais d'avoir une pensée personnelle, fondée sur une réflexion à propos des événements subis (et à 4 ans on peut beaucoup réfléchir aux situations inattendues que l'on rencontre), ils seront secs comme un vieux roseau dans un marais sans eau.

Maxime était un enfant incroyable, d'une précocité intellectuelle inouïe. À 3 ans, il reconnaissait tous les billets de banque d'après l'effigie de l'homme célèbre imprimé. À 5 ans, il demandait : « Donne-moi un Montesquieu pour aller chercher les photos que j'ai fait développer » ou : « As-tu un Delacroix pour payer le boucher ? » À 8 ans, il lisait Jules Verne sans s'amuser mais pour le simple plaisir de rappeler qu'il préférait *Michel Strogoff* à *Voyage au centre de la terre.* À 10 ans, en CM2, une maîtresse fine et sensible fit remarquer aux parents que Maxime aurait quelques difficultés dans le secondaire, en français notamment, car il était incapable d'imagination et présentait toujours un discours, certes impeccable, mais calqué sur des images toutes faites, sans originalité. Or il devait désormais réfléchir par lui-même et mieux valait des fautes d'orthographe que ces rédactions trop matures où l'on se demandait toujours si ce n'était pas son père qui les avait écrites. En effet, ses études secondaires furent médiocres, il n'avait jamais appris à se confronter aux difficultés, à la réalité d'une réflexion autonome. Il ne savait que faire semblant, être brillant par procuration. Il continuait à apprendre par cœur. L'adolescence le plongea dans un vide affectif absolu. Les filles se moquaient bien de sa culture livresque ! Il n'avait jamais appris à s'occuper de lui-même, de son corps, maladroit, chétif, gauche ; il méconnaissait ses sentiments, restait attaché à son amour exclusif pour sa mère qui le choyait comme son petit génie, lui préparant ses affaires le matin, car il lisait dans son lit jusqu'à la dernière minute, le lavant pour qu'il n'ait pas de contact avec ce corps qui l'éloignait de l'esprit, lui imposant des camarades avec qui il pouvait entrer en compétition intellectuelle. Sa mère choisissait encore ses livres et l'éloignait des lectures qui racontent les histoires des enfances ignorées. Comme il fut déçu par le monde ! Il vit toutes ses illusions s'effondrer ; il avait appris à mépriser ses camarades de classe et voilà que c'étaient ceux-là qui réussissaient mieux que lui. Sa mère l'isolait de plus en plus en refusant de reconnaître ses difficultés, et il n'avait pas acquis la solidité psychique qui lui permettrait de réagir.

Car la solidité psychique de l'adolescent puis du jeune adulte se prépare justement dans ces six premières années où l'enfant doit apprendre à vivre par lui-même sans le secours permanent de la pensée des autres. Actuellement, les adultes qui ont la charge des enfants veulent aller trop vite. Ils mélangent tous les âges, voulant leur donner une hypermaturité intellectuelle, une autonomie qu'ils ne sont pas toujours capables d'assumer.

Dans le même ordre d'idées, la vogue des classes de nature dans les petites classes est très discutable. Même si elles sont préparées toute l'année et permettent à l'instituteur d'avoir un thème construit et élaboré pendant plusieurs mois, elles impliquent que l'enfant soit capable de se séparer de ses parents. Et à 4 ou 5 ans, sur une classe de 30 enfants, combien d'entre eux sont déjà partis loin de chez eux, en dehors d'une semaine passée chez les grands-parents ? Ils ont encore beaucoup trop besoin de tendresse quotidienne, ils doivent chaque jour se rassurer sur la présence de leurs parents, sur leur amour, sur la sécurité du foyer. Leurs repères sont encore flous et ils refont quotidiennement leurs marques à la maison. On objecte qu'ils sont avec leurs camarades et leur maîtresse, mais je ne suis pas convaincue que tous, à cet âge-là, aient de vrais amis. N'oublions pas qu'ils sont encore égocentriques et n'aiment pas partager. Les parents trouvent l'idée formidable, mais ils ont quand même le cœur serré et beaucoup hésitent jusqu'à la dernière minute. Leur bon sens, leur instinct sont soumis à des sentiments ambivalents. Ils sentent bien que leur petit bonhomme n'est pas prêt psychiquement à se séparer d'eux. Mais la pression est forte et, s'ils refusent, leur enfant sera méprisé par ses camarades, rejeté par la maîtresse, isolé dans la classe, et son orgueil sera durablement atteint. C'est cela et cela seulement que l'enfant ressent, et il se demande pourquoi on inflige cet effort à ses parents et à lui-même, alors que ni les uns ni les autres n'en ont envie.

Qui peut dire comment les enfants vivront cette séparation en fonction de leurs expériences passées ? Il faudrait être certain que pour aucun d'entre eux cela ne ravivera de mauvais souvenirs. Une hospitalisation en urgence par exemple qui, à l'âge de 8 ou 9 mois, l'a laissé de longues heures seul dans l'insécurité ; un départ inattendu des parents obligés de se rendre au chevet de leurs propres parents et confiant le petit à une tante éloignée pour quelques jours ; un séjour trop long chez des cousins pendant les vacances, alors que ses parents étaient partis pour l'étranger ; un voyage du père, pendant quelques semaines, pour son travail. Toutes ces séparations ont créé une incertitude, un vide. Les parents peuvent disparaître. En classe de nature, le doute revient : à 4 ans, quelques jours représentent l'éternité. L'enfant n'a pas encore le sens du temps. S'il pleure un peu pour s'endormir, il est bien incapable d'exprimer verbalement un souvenir ou un affect. La classe de nature se passe bien : les enfants visitent la ferme, regardent la fabrication du fromage, suivent quelques heures la transhumance des moutons (d'ailleurs existe-t-elle toujours ou n'est-elle maintenue que pour le plaisir des petits écoliers ?), s'endorment dans un dortoir sur un lit de camp pour la première fois, échappent aux recommandations maternelles (« range ta chambre, mange avec ta fourchette, lave-toi les dents, mets ton bonnet »), l'instituteur veille à la lecture tranquille et au câlin du soir. Mais même dans les meilleurs des cas, est-ce que ces quelques jours apportent vraiment une autonomie, un sens des responsabilités, une cohésion amicale ? Je n'ai jamais vu d'enfant rentrer transformé positivement d'une classe de nature en maternelle, j'en ai vu plusieurs refusant de retourner à l'école au retour et d'autres dégoûtés à jamais des colonies de vacances. Je revois toujours cette photo qu'une maman m'a montrée avec un sentiment de malaise où l'on voyait quatre tout-petits prêts à aller se coucher dans un couloir défraîchi dont la peinture s'écaillait, serrant contre eux leur doudou, un regard désespéré posé sur l'objectif traduisant dans leurs yeux agrandis une insupportable angoisse. J'ai eu un moment l'impression de voir un camp d'orphelins roumains, dont tant de magazines ont diffusé les photos.

Les pédiatres assurent la prévention physique et psychique de l'enfant. Ils ont beaucoup d'expérience, ils voient en moyenne près de 2 000 enfants chaque année. Ils savent reconnaître au premier coup d'œil, à peine la porte franchie, l'enfant bien équilibré, le timide, l'intrépide, le bavard, l'anxieux, celui qui éclate de joie de vivre et celui qui est malheureux. La façon qu'il a de s'asseoir ou au contraire de s'installer tranquillement pour jouer, les réponses qu'il donne aux questions posées sont autant de marques que le pédiatre observe avec bienveillance. Plus significatif encore est son comportement avec sa maman, assis sur ses genoux ou accroché à son siège, vérifiant sans cesse ses réactions, épiant son consentement lorsqu'il parle ; ou au contraire occupant tout l'espace sans se préoccuper de sa présence, répondant à sa place, se déshabillant seul pour l'examen clinique. Les pédiatres ne portent pas de jugement sur l'enfant, ils les acceptent tous et voudraient les aider à grandir. Ils sont attentifs, souvent attendris, car le métier qu'ils ont choisi demande avant tout d'aimer l'enfance.

Lorsqu'ils voient un enfant entre 2 et 6 ans, et même plus tard, jamais il ne leur viendrait à l'esprit de juger de son intelligence par un questionnaire du style « Évaluation du quotient intellectuel ». Ils savent que cela n'augure en rien des capacités d'adaptation à la vie sociale, que les chances d'une vie psychique riche, épanouissante, créative, se devinent dans son comportement plus que dans un discours convenu et élaboré. Les pédiatres aimeraient pouvoir faire part aux parents de leur expérience, du suivi à long terme des enfants qui leur sont confiés. Mais ils sont désemparés par la fierté des parents qui montent en épingle ce qui permet à leur enfant de briller devant le pédiatre, et ils craignent de blesser l'enfant dans son narcissisme et la confiance qu'il a dans le jugement de ses parents. Ils soulignent le plus souvent possible le danger d'un investissement purement intellectuel, aux dépens de la carte du tendre. Ils essaient à chaque consultation de faire prendre conscience aux parents que l'enfant a une vie personnelle, un caractère propre, qu'ils doivent essayer de comprendre sans l'influencer, sans lui demander d'être en permanence à l'image d'un enfant modèle et instruit.

Ils rappellent qu'entre 2 et 4 ans, le jeu est plus formateur que les grands discours.

L'école maternelle, forte de l'estime et du travail en profondeur qu'elle assure auprès des enfants, va dans le sens de ce courant qui valorise avant tout les performances intellectuelles. Ainsi, les instituteurs souhaitent une classe bien préparée, soutenue par des parents attentifs, qui avance vite dans le programme. Ils regroupent rapidement les enfants qui leur sont confiés dans des catégories déterminées, sans toujours chercher à comprendre les motivations profondes des enfants et des parents.

Tout enfant qui sort de la norme établie par la maîtresse est considéré comme suspect. Il s'agit pourtant de ses normes à elle, influencées par l'éducation qu'elle a reçue et par les rudiments de psychologie qu'elle a appris pendant ses études. Comme les puéricultrices de crèche, les institutrices de maternelle sont investies du pouvoir de juger de la normalité (?) d'un enfant. Les parents deviennent instantanément vulnérables dès que quelqu'un commence à poser des questions sur l'évolution du leur. Ils ont eux aussi lu quelques livres sur la psychologie du petit enfant, ils ont appris à se poser des questions. Quand une jeune maîtresse de 25 ans leur assène un matin entre deux portes que vraiment leur enfant a un comportement inhabituel, ils s'effondrent, perdent toute confiance en eux et se précipitent chez la psychologue scolaire pour trouver rapidement une solution qui remette leur petit dans la norme de l'école.

Le père de Victor est peintre. Depuis toujours, Victor manipule le pinceau et joue avec les couleurs. À l'école, il trouve tout à fait inutile de dessiner, il est venu pour apprendre autre chose et n'est pas intéressé par les trois pots de peinture bien rangés et les petites feuilles de papier que propose la maîtresse. Chaque fois que les autres peignent, il s'installe tranquillement dans le coin-cuisine et invente des histoires. Si la maîtresse insiste, il gribouille rapidement un dessin informe, pour ne pas avoir d'ennuis, et repart à ses activités. Catastrophe ! La maîtresse en parle à la psychologue qui la conforte dans ses doutes, observe Victor toute une matinée dans la classe, pense qu'il a une imagination mal dirigée et que son intérêt pour la cuisine ne répond pas aux activités structurantes d'un garçon de cet âge. Lorsque les parents, convoqués, expliquent qu'ils sont peintres, la maîtresse tend l'oreille ; lorsqu'ils racontent qu'ils vivent dans un atelier et que Victor n'a pas de chambre, l'ombre de la drogue commence à planer au-dessus de sa tête. Lorsqu'ils disent, très fiers, que Victor est très sociable, qu'il s'endort n'importe où, à l'occasion de longues soirées chez des amis, le sida hante les esprits et, comme il ne mange jamais de viande car sa maman est végétarienne, l'indication d'une psychothérapie ne fait plus de doute. Le papa de Victor se met très en colère, il leur apporte de magnifiques dessins que Victor a faits à la maison, leur dit qu'il n'est ni alcoolique ni drogué ni même névrosé, que l'éducation de son fils le regarde, lui, et que l'ensemble de la population enfantine n'est pas forcément prédestinée à devenir employée d'une administration calculant comment cumuler congés et arrêts maladie pour travailler le moins possible.

Le père de Victor a raison. À l'âge de la maternelle ce sont les parents qui structurent l'éducation de leur enfant. S'il est bien intégré au groupe scolaire, s'il progresse régulièrement, il traversera ces années sans problème. Par contre, si sa demande n'est pas exactement celle de ses petits camarades, il ne sera certes pas définitivement traumatisé par l'école, mais il peut garder des réactions ambivalentes face à la discipline scolaire. Ainsi Victor n'avait nul besoin de développer ses talents artistiques : par contre il aimait écouter des histoires, regarder des livres, recopier des mots sur un cahier. Si ces activités lui sont interdites sous prétexte qu'il n'a pas dessiné un bonhomme, il risque de perdre sa curiosité pour d'autres disciplines intellectuelles et mettre en doute un système qui lui interdit de découvrir ce pour quoi il est venu.

L'équilibre psychique s'acquiert à la maison

La maternelle n'est pas obligatoire, elle n'est pas non plus absolument indispensable au développement intellectuel et psychique de l'enfant. Elle l'aide à s'intégrer dans un groupe, à respecter les règles de la société, à manipuler des livres, à s'initier aux différentes formes de graphisme et donc à aborder l'écriture. Elle remplit efficacement un vide créé par la société moderne qui ne peut plus garder à la maison un enfant jusqu'à l'âge de 6 ans, soit que les parents travaillent, soit que la mère au foyer soit cantonnée dans un logement trop petit, les débordements de deux ou trois enfants soumettant ses nerfs à une épreuve redoutable.

Autrefois, le petit enfant restait à la maison. Il participait aux tâches ménagères, aidait dans la mesure de ses jeunes possibilités ou jouait plus ou moins tranquillement. Peu à peu, grâce aux prouesses de l'électroménager, l'entretien de la maison est devenu plus rapide. Les mamans ne sont plus aidées et les tâches matérielles sont totalement dévalorisées. La mère reconnaît éventuellement qu'elle a préparé un gâteau pour l'anniversaire de sa fille mais vante surtout les mérites des derniers surgelés. Sa soirée est souvent gâchée par les rangements minimums et le repassage qu'elle fait en maugréant et en regrettant le temps perdu. L'argenterie est depuis longtemps rangée au fond d'un tiroir, et le ménage est approximatif, sauf une ou deux fois par an quand les enfants passent quelques jours chez les grands-parents et qu'elle en profite pour faire un grand nettoyage de printemps.

La maman souhaite se débarrasser rapidement de ces corvées, qui restent pourtant quotidiennes. Les faire avec un bambin dans les pattes tient de l'exploit. Elle pense que plus elle ira vite, plus elle aura de temps à consacrer à son enfant pour des activités d'éveil.

La vie matérielle et quotidienne est ainsi niée et dévalorisée. Comme il ne faut surtout pas que l'enfant s'aperçoive que sa mère range la vaisselle ou recoud un bouton au risque d'être considérée comme une bonne à rien, elle le met devant la télé, où il passe toute la matinée car, quoi que l'on en dise, il faut bien faire les lits, passer l'aspirateur quand ce cher petit a joué tout l'après-midi avec ses craies et son nouveau tableau noir, et mettre les tee-shirts dans l'armoire. L'heure d'aller chercher les grands à l'école est arrivée avant qu'elle ait eu le temps de faire un puzzle ou de lire une histoire. Désolée de n'avoir pu remplir le contrat qu'elle s'était fixé en se levant le matin, la maman moderne trouve que son enfant perd son temps et qu'il serait vraiment mieux à l'école que devant la télévision.

C'est bien mal connaître les aspirations de l'enfant de 4 ans ! Il ne se dit pas : « Ma mère est nulle, elle est femme au foyer ; comme Julien a de la chance d'avoir une mère cadre supérieur à la banque ! » Il pense invariablement qu'il a la maman la plus belle et la plus formidable du monde. Sa plus grande joie est de trottiner à côté d'elle pendant qu'elle s'occupe de lui faire une belle chambre où il aura envie de jouer car il déteste la saleté et le désordre. Son bonheur est de papoter avec elle pendant qu'elle épluche les légumes. Il peut rester calme en écoutant des cassettes pendant qu'elle fait le repassage, et mangera plus volontiers s'il a rincé lui-même les légumes de la soupe du soir. De toute façon, sa mère est là pour s'occuper de lui et de son confort et, si elle se plaint d'avoir trop à faire et qu'elle pique sa crise tous les soirs parce qu'il n'a pas rangé sa chambre, tant pis pour elle. Elle est toujours bousculée et pressée, mais lui, il a le temps. Il ne comprend pas pourquoi elle ne peut jamais faire un jeu avec lui alors qu'elle se fâche pour bâcler des tâches matérielles qu'elle déteste. Bien sûr, il aime bien l'école, sa maîtresse et ses petits camarades, mais quand il demande tous les soirs en se couchant : « Maman, demain, il n'y a pas école ? » c'est bien que le plus grand bonheur pour lui est de rester à la maison et de participer avec sa mère à la vie quotidienne. Il n'a pas tort car il trouve les activités ménagères aussi formatrices et gratifiantes, et il n'aime pas autant l'école que tous ceux qui parlent à sa place veulent bien le dire.

Si l'enfant de 2 à 5 ans surprend souvent par des capacités intellectuelles, une richesse de vocabulaire, une mémoire que les adultes lui envient, c'est qu'il entend tout, enregistre, répète et tire une grande fierté des cris d'admiration de ses parents devant ses initiatives savantes. Mais son mode de pensée est totalement différent. Il a une pensée intuitive et en toutes circonstances se met en scène lui-même. Ainsi, il est forcément le personnage principal du livre que la maîtresse lui raconte et joue avec ses peluches comme s'il s'agissait d'animaux ou de personnages réels. Il met en scène sa vie quotidienne et avant tout sa relation à ses parents pour tenter de prendre conscience de lui-même comme un individu unique, sexué, différent de son père et de sa mère d'abord, puis de la maîtresse et de ses petits camarades dans un deuxième temps.

Dans l'environnement de la classe, l'enfant rit, joue, dessine, chante, comme les autres. Dans le coin-jeu, il reproduit les scènes familiales qui lui sont chères et, à la récréation, il crie et il court. Il met son manteau, son bonnet, fait pipi en même temps que les autres, s'assied pour écouter une histoire à l'heure des mamans et ramasse son doudou posé dans un panier le matin à 8 h 35 et qu'il n'a pas osé reprendre pendant la journée. À la sortie, il est vite emmené par sa mère ou une jeune fille et à 16 h 40 la rue est déjà vide d'enfants. Il n'a apporté qu'une seule fois des jouets de chez lui car il s'est fait gronder par la maîtresse et les a ramenés cassés. Il n'essaie pas de braver, d'inventer des bêtises qui lui permettraient d'avoir aussi des secrets dans la classe ou de tester quelle est la résistance de l'adulte et les lois de la collectivité. Il connaît d'emblée les règles du jeu, les ayant apprises en quelques jours à la rentrée, lorsqu'il était encore un peu intimidé par la classe. Il n'essaiera plus de les transgresser, et certes il apprend à respecter l'ordre établi, ce qui est évidemment une bonne chose, mais il reste dans des limites étroites, banales, sans grande envergure.

L'école l'aide à sortir d'une relation exclusive avec sa mère en lui apprenant la vie commune mais elle n'influence en rien sa personnalité, qui se construit dans son environnement familial, et, si ses parents sont incapables de lui donner une autonomie au sein de la famille, ce n'est pas par l'école qu'il l'acquerra, car la maîtresse ne peut lier une relation individuelle avec chaque enfant en lui apprenant en même temps la relation élargie au groupe. Il y a une grande différence entre le petit caïd qui fait beaucoup de bruit pour obtenir ce qui fait de lui un consommateur pourri par une société de profit qui l'exploite, et l'enfant imaginatif qui, trouvant dans son environnement quotidien des couvertures et des élastiques pour se construire une cabane en haut de l'armoire, chipe les craies et les pinces à linge pour s'inventer une armée de soldats et transforme des objets utilitaires réservés à l'adulte pour les apprivoiser, leur donner un sens qui l'intéresse dans son imaginaire, et pénétrer par le jeu un monde d'adultes qui l'inquiète. Pensons parfois à la petite fille aux allumettes, qui pour se réchauffer et faire surgir des rêves de son imagination, pour vaincre sa tristesse, joue avec l'un des plus grands interdits de l'enfance : le feu.

De même, c'est à la maison qu'il utilisera au mieux un vocabulaire, un mode de pensée et un comportement stimulants. L'enfant qui ne voit jamais ses parents lire un livre ou discuter d'un programme de télévision, a peu de chances de devenir lecteur ou critique devant la production audiovisuelle, même s'il va régulièrement à la bibliothèque avec sa classe. Il s'identifie à son père et à sa mère, et non à une maîtresse.

Lorsque son enfant ramène à la maison un dessin, une comptine ou un modelage, sa mère est fière de lui. L'enfant ressent cet attendrissement et il progresse à travers le regard de sa mère. Il enrichit son amour-propre et aura envie, la fois suivante, d'ajouter un bras à son bonhomme têtard ou une fenêtre à sa maison. L'école maternelle n'est pas l'école de la vie, elle doit simplement donner confiance à l'enfant dans un milieu élargi.

L'école idéale, l'école joyeuse, celle de toutes les découvertes et de toutes les tendresses, n'existe que dans les livres, et ceux-ci ne manquent pas pour nous en faire rêver. Mais il n'y a plus que dans les livres que les enfants font des bêtises à l'école et inventent des aventures dignes de la guerre des boutons ; comme si les auteurs regrettaient celles qu'ils n'avaient plus osé faire ou que leurs enfants ne feront pas.

La conquête de la vie en société passe par l'appropriation de ses règles à travers son histoire et son imagination. Ce qui veut dire que l'enfant doit d'abord acquérir une personnalité et des modèles dans son milieu familial pour pouvoir ensuite enrichir son expérience de celle des autres. Faute de quoi les enfants ne peuvent ressembler qu'à des petits agneaux passifs au lieu de devenir des individus autonomes et créatifs.

8

LE TEMPS DES LOISIRS

Je ne suis qu'un petit garçon
Qui mange du chocolat
Et qui joue au ballon.
ROBERT DESNOS
Destinée arbitraire

Pour les 4 ans de Julie, ses parents décident d'organiser une fête. Au mois de mars, le père Noël est oublié, le printemps tarde à venir, les enfants sont fatigués, et une journée exceptionnelle viendra égayer la fin de semaine. Julie est souvent invitée le mercredi à des goûters et sa maman redoute cette épreuve car, lorsqu'elle va chercher sa fille en fin d'après-midi, les enfants sont surexcités, courent dans tous les sens, les parents qui reçoivent sont échevelés, ont les yeux tirés, et Nathalie a l'impression qu'ils mettront une semaine à se remettre.

Nathalie, une femme calme, ne souhaite pas se sentir débordée par une meute d'enfants. Pourtant la liste de Julie s'allonge tous les jours : elle inviterait bien la classe entière. Sa maman souhaite aussi rendre une ou deux invitations et recevoir les enfants de leurs amis pour qu'ils fassent connaissance avec Julie. Elles se mettent d'accord toutes les deux pour inviter une quinzaine d'enfants. Comment les occuper ? En mars, il risque de pleuvoir et il est difficile d'envisager une sortie au jardin après le gâteau d'anniversaire. Leur louer une cassette vidéo ? Ils en regardent toute la journée et Nathalie est un peu contre cette télévision à outrance. Un anniversaire au Mc Donald's ? Ils sont encore jeunes : que fera-t-elle quand Julie aura 10 ans ?

Elle s'adresse alors à une société dont le métier est d'organiser des anniversaires. Deux animateurs viennent aider la maman ; un spectacle de marionnettes et des jeux sont prévus. Ils apportent le maquillage, le papier crépon pour les déguisements. Ils proposent même de fournir les cadeaux pour la rituelle pêche à la ligne. Ils ont l'habitude, et connaissent bien les goûts des enfants. Évidemment, c'est un peu cher, mais c'est une occasion exceptionnelle, Nathalie ne fera pas cela tous les ans. Julie ne peut pas encore comprendre que cela remplace le cadeau, mais ils en offriront un moins onéreux. Que de souvenirs merveilleux en prévision !

À 15 heures, les amis arrivent. Leur maman s'excuse : leur fille n'a pas fait la sieste, elle était si contente de venir à l'anniversaire de Julie qu'elle demande l'heure toutes les dix minutes depuis midi ! Petits cadeaux, que Julie ouvre mais ne regarde même pas et jette sur son lit en oubliant de remercier — impossible ensuite de deviner qui a donné quoi. Les enfants commencent à courir partout et l'animatrice arrive en retard, seule (il y a eu tellement de demandes aujourd'hui, sa collègue est à un autre goûter). Pendant qu'elle s'installe, la maman offre le gâteau. La charlotte aux fraises reste dans les assiettes, ces petits chéris préfèrent se bourrer de Smarties et de Carambar, qu'ils abandonnent gluants sur les chaises. Les verres de Coca sont renversés. La maman n'avait pas prévu le jus de pomme pour Loïc ; c'est la seule boisson qu'il accepte, il se met à pleurer. Le spectacle est enfin prêt, la moitié seulement des enfants le regardent, ils l'ont déjà vu à l'anniversaire d'Émilie, ils préfèrent sortir tous les jouets de Julie au milieu de la chambre. Les animations sont un peu longues à mettre en place, tous les enfants veulent être maquillés en même temps, ils découpent eux-mêmes le papier crépon, n'ont pas compris la règle de « Jacques a dit », se chamaillent ; il y en a toujours un qui veut faire pipi et un autre qui pleure. Julie virevolte partout, elle est rouge écarlate, ne joue vraiment avec personne sauf pour imposer sa loi en criant très fort : « C'est moi qui invite, vous devez m'obéir. »

Enfin, les parents reviennent chercher les enfants, Nathalie avait prévu un pot, mais elle n'en a plus le courage, elle pense au temps qu'elle va mettre pour ranger la maison, et remercie simplement pour le cadeau, en affirmant que tout s'est bien passé, qu'ils ont été très sages. Quand tout le monde est parti, Julie éclate en sanglots. Ses amis ne lui ont pas laissé de cadeau de pêche à la ligne et ils ont arraché un bras à la poupée que Mamie lui avait donnée pour ses 2 ans.

Julie mettra longtemps à s'endormir et ses parents aussi. Leur sentiment est mitigé. Leur fille s'est montrée bien insolente, égocentrique, avide de félicitations et de cadeaux, semblant par moments hors d'elle-même, ne contrôlant pas la situation, désordonnée, si loin de la petite Julie qu'ils connaissent et qu'ils aiment. Les autres enfants étaient dans le même état, ne respectant rien, peu curieux des attractions proposées, incapables de rester calmes quelques minutes comme si une folie collective s'était emparée d'eux ; méprisant la camaraderie, avides de cadeaux et de bonbons dont ils sont pourtant gavés. L'année prochaine, les parents de Julie seront plus simples : ils regrettent la dépense financière démesurée que ce goûter a entraînée.

Le lendemain, la fête est finie, ils réfléchissent.

Ils souhaitaient faire une fête à leur image, une fête dont ils croyaient avoir rêvé dans leur enfance : une fête où tout est prévu, où rien ne manque. Ils pensaient que les enfants feraient connaissance, découvriraient des amitiés nouvelles, se réjouiraient de rencontres enrichissantes hors de l'école. Ils projetaient leur joie lorsque eux-mêmes sont invités à une fête. Ils éprouvent un malaise parce qu'ils ont découvert Julie et ses petits camarades sous un jour inconnu, incontrôlable. Où était la petite fille sage, capable de rester des heures avec sa copine le mercredi après-midi à jouer à la maîtresse ? Où était la petite fille qu'ils avaient soigneusement habillée le matin, tressant ses cheveux avec des rubans de couleur assortis à sa robe ? Où étaient ses yeux brillants, étonnés, devant les marionnettes, et l'émotion pure de souffler quatre bougies sous les flashes qui crépitent ?

Ils éprouvent un malaise car ils ont le sentiment d'avoir créé un temps de désorganisation, de folie prévue, où chacun libérait une dose d'excitation imprévisible. Sous prétexte d'une fête dans un lieu nouveau sans règles précisées à l'avance, une énergie destructrice et égoïste s'est emparée de chaque enfant. À 4 ans, ces débordements sont encore tolérables, mais qu'en sera-t-il à l'adolescence ? Il ne s'agit pas de jeux créatifs, inventés par des imaginations fertiles, tenant compte des autres et des principes élémentaires de la vie sociale, mais de débordements prévus et tellement organisés que la place laissée libre à l'imagination rejoint les fantasmes primaires mal dominés, autorise des régressions qui devraient être contrôlées.

Serge et Nathalie ont le sentiment, à postériori, d'avoir été poussés par la société de consommation. Ils voulaient faire mieux, plus grand, plus riche que les autres. Ils ne pensaient plus tant à eux-mêmes, à Julie, qu'à l'image qu'ils pouvaient donner aux autres parents.

Ils ont eu confiance dans les revues qui décrivaient avec de jolies photos à l'appui des goûters d'anniversaires où rubans, ballons, confettis entouraient des enfants sortis tout droit de chez Jacadi, qui avaient sûrement l'interdiction de toucher aux gâteaux et aux bonbons exposés pour la photo. Ils ont été certains que la dame qui avait répondu au téléphone pour leur vanter les mérites d'un anniversaire organisé, avec sa voix douce et gaie, était très au fait des désirs des enfants, avait réfléchi les fêtes en fonction des âges des participants, et que le prix élevé était le garant de la qualité.

Serge et Nathalie prennent alors conscience qu'au moment d'organiser cette fête, ils ont totalement perdu confiance en eux-mêmes et ont mis en doute leur capacité à être de bons parents. Ils n'ont pas réfléchi aux désirs de Julie, n'ont pas essayé de lui expliquer que cinq bons amis valent mieux que quinze copains déchaînés, la maison n'étant pas une cour de récréation. Obligés de prévoir à l'avance et d'aménager l'espace, ils ont détruit l'effet de surprise et d'émerveillement qu'ils attendaient tant. Ils ont délégué leurs pouvoirs de parents à une étrangère, eux qui pourtant ne laissent Julie qu'à des baby-sitters éprouvées. Julie n'a pas ressenti de joie à réunir quelques amis, mais l'orgueil d'être la reine d'une cérémonie où tout lui était nouveau et étranger et où ses repères sécurisants étaient détruits, laissant un vide qu'elle était obligée de combler par une excitation hors mesure. Elle se moque complètement que ses parents aient cru combler ce vide et leur angoisse de ne pas être à la hauteur par des cadeaux et de l'argent. Elle a tout pris, la démesure de l'entreprise pour une enfant de 4 ans, les cadeaux et le vide. Quand la tension sera retombée, que la fête sera oubliée, un doute persistera sur la façon de combler un vide autrement que par une désorganisation transitoire.

Le lendemain matin, pendant que ses parents rangent la maison, Julie s'ingénie à soigner sa poupée cassée, en lui installant un petit lit, en la berçant dans ses bras, en organisant une visite chez le docteur, plongée dans ses pensées et recommençant mille fois les mêmes gestes rassurants. Mais il est temps de regarder les cadeaux reçus la veille. Crayons, papier à lettres, boîtes colorées, poupées de la taille d'un pouce, porte-monnaie, petits bijoux, puzzles, livres, animaux décoratifs, cadres tissés main sont soigneusement rangés sur son étagère. Julie n'y a pas touché. Ses parents interrompent son jeu, déçus qu'elle retrouve cette vieille poupée pour eux sans charme. « Julie, essayons ces nouveaux coloriages, regarde comme c'est joli ! Veux-tu que l'on regarde ce jeu de société ? La règle est un peu compliquée, nous allons te l'expliquer pour que tu puisses jouer avec Sylvie. » Julie n'a pas envie de faire d'effort ; c'est vrai, la règle est compliquée : une fois qu'on a lu la notice en long et en large, le jeu n'a plus aucun intérêt ; pourtant, quand elle avait regardé le spot télévisé, toute la famille avait l'air enthousiaste. Sa maman s'énerve : « Écoute, Julie, tu exagères, regarde ces petites poupées comme elles sont mignonnes, veux-tu que nous leur fabriquions une maison ? Justement, tu as aussi reçu des découpages en carton pour faire des montages, papa peut t'aider. — Maman, je n'ai pas envie de jouer, je peux regarder la télé ? »

Jouets et jeux

Le jouet, le jeu sont aujourd'hui gérés et transformés par l'adulte en fonction de modes imposées à grand renfort de publicité. Ils sont lancés au même moment à New York et à Marseille, à Tokyo et à Melbourne. D'un bout à l'autre du monde, effaçant les notions sans doute désuètes de culture et d'individualité des peuples, les enfants jouent aux tortues Ninja, aux Playmobil, au robot, au Game-Boy. Chaque nouvelle série de dessin animé prend son sens lorsque le héros envahit le rayon jouets des grandes surfaces commerciales, orne les tee-shirts et les joggings, se transforme en gomme ou en trousse, forçant l'enfant à l'intégrer à tous ses actes quotidiens, de l'habillage à l'école, de la brosse à dents à la pizza. Les Japonais et les Américains ont ainsi envahi l'univers ludique de nos enfants, modelant leur goût et leur personnalité pour créer une grande société de consommation uniforme dans tous les pays riches. Certes, Babar et Tintin tentent de résister mais, réduits à des jouets et des gadgets, ils rassurent sur le caractère éternel des héros tout en laissant échapper la destinée imaginaire du livre pour la transformer en objet réel. Objet palpable, le personnage de fiction du dessin animé devra rejouer son rôle dans la chambre d'enfant, cessant d'alimenter son imagination pour faire régner l'ordre exact de la série télévisée.

Souvent laid, le jouet ne répond pas à l'univers magique que se crée l'enfant en jouant.

L'enfant qui a réclamé pendant des heures un robot représentant son héros favori de dessin animé est bien déçu le jour de Noël. Sans doute avait-il imaginé que ce jouet pourrait voler, exploser, se reconstituer, qu'une balafre sanglante ornerait sa joue et que son épée enverrait un rayon laser à travers sa chambre. Ce robot laid et sans âme ne sait rien faire. Il peut certes se transformer en avion ou en camion, mais qui a vu dans la réalité un homme se transformer en fusée ? Le jouet doit permettre la transformation par l'imagination de situations proches, quotidiennes. L'enfant essaiera bien de lui faire jouer les scènes des dessins animés accompagnées d'onomatopées, mais ce jeu le lasse vite, ce n'est qu'une pâle copie, autant allumer la télévision.

Ainsi ce dialogue entre deux petites filles :

SYLVIE : Pourquoi as-tu tant de Barbies ? Moi j'en ai, mais je ne joue pas avec.

CAROLINE : Je joue.

SYLVIE : Mais on ne peut pas les bercer dans ses bras et être la maman.

CAROLINE : Je n'aime pas jouer à la maman, il faut toujours que je gronde, que je donne des ordres.

SYLVIE : Mais tu n'as qu'à jouer à l'école. Avec les Barbies, c'est difficile car les dames ne vont pas à l'école, surtout en robe de mariée.

Elle pouffe.

CAROLINE : Tu m'énerves, tu es vraiment restée bébé avec tes histoires de papa-maman. Moi, je joue des vraies histoires, ce qui se passe dans la vie. Avec mes Barbies, je rejoue tous les épisodes de *Santa Barbara ;* comme ça je m'en souviens et plus tard je pourrai leur ressembler.

Désormais reconnus d'utilité publique, le jouet et le jeu sont jugés indispensables entre 3 et 6 ans. Mais l'adulte entend maintenant imposer son contrôle. Contrôle qui pourtant lui échappe puisque l'adulte comme l'enfant sont soumis inconsciemment aux lois du marché. Les parents ne se contentent plus d'offrir, ils veulent éduquer ; ils présentent un jeu utilitaire, expliquant, commentant, critiquant, dirigeant l'action de l'enfant dans un but connu d'eux, les adultes, sans tenir compte de l'imaginaire et des fantasmes enfantins. À trop le regarder jouer, en se précipitant pour téléphoner à leurs amis l'interprétation de la façon tellement rigolote dont il maltraite sa poupée après la naissance de sa petite sœur, ils réduisent à quelques mots l'activité fantasmatique qui se met seule en place dans un jeu d'enfant sans que son inconscient puisse lui être révélé. L'enfant qui écoute attentivement les commentaires de ses parents réduit alors son univers ludique à quelques phrases rationnelles, et son jouet perd de sa valeur. Il s'en désintéresse rapidement. Les parents multiplient les achats et les cadeaux, ils ne laissent pas à l'enfant la possibilité d'investir l'objet d'un pouvoir magique disponible pour sa seule imagination et capable de transformer une réalité qu'il ressent parfois comme douloureuse.

Clarisse, après la naissance de sa sœur, s'enfermait dans la chambre de ses parents avec ses poupées et jouait à accoucher, cachant ses poupées sous ses robes, les mettant au monde, puis les tirant par les cheveux et les laissant tomber par terre. Elle recommençait ce jeu à l'infini. Le symbole était clair, et sa maman, trouvant l'histoire très drôle, la racontait à tout le monde devant Clarisse, en riant très fort. Clarisse se trouva dépossédée de son jeu et eut la révélation d'une agressivité crue et brutale qu'elle était tout à fait incapable de maîtriser par des mots. Elle arrêta immédiatement ce jeu libre. Alors qu'elle était aimable avec sa petite sœur, la couvrant de bisous et participant activement aux soins en aidant sa maman à donner le biberon et à changer les couches, elle devint sournoise et chercha par tous les moyens à mettre en œuvre son agressivité, en la tapant, en refusant d'aider, en monopolisant toute l'attention au moment des repas. Mise à nue, sa jalousie ne pouvait plus être inscrite dans son inconscient, transformée par le jeu, et elle s'appliquait crûment, au grand désarroi de sa maman qui n'y comprenait plus rien. Car les parents rêvent que leur enfant n'ait que des fantasmes agréables et, puisque ceux-ci les rassurent, ils s'en emparent pour réveiller leurs propres souvenirs déjà bien transformés par leur vie d'adultes.

Influencés par quelques notions de psychologie, les parents veulent que l'enfant joue comme ils l'entendent. Ils offrent à leur fille la poupée avec le berceau et le mode d'emploi, et la maman se fâche si c'est son fils qui y couche un vieil ours entouré d'un foulard plein d'odeurs chipé dans le tiroir de la commode de sa mère. Pourtant les garçons ont souvent une poupée secrète, car ils n'aiment pas seulement jouer aux petites autos et aux billes.

Le jeu est obligatoire : « En rentrant de l'école, tu joues pendant une heure, puis tu prends ton bain et seulement alors tu peux regarder la télévision en attendant mon retour. » Comme si les pulsions qui poussent l'enfant à jouer étaient réglées par un chronomètre ! Dès que ses parents rentrent, l'enfant doit s'interrompre immédiatement pour savourer la joie des retrouvailles, raconter sa journée. Pourtant ce jour-là, à l'heure de la télévision, il joue. Plongé dans sa rêverie et souhaitant pénaliser sa mère qui rentre trop tard, il ne répond pas à son appel. Elle est contrariée. L'enfant obtempère de mauvaise grâce, son jeu est de toute façon brisé ; après s'être soumis en bougonnant aux questions maternelles, déçu, il retourne finalement devant la télévision puisque son jeu est méprisé. Contraint de jouer à l'heure qu'on lui impose, il perd le sens profond du jeu, libérateur de tensions internes. Il joue pour faire plaisir et non plus pour lui-même.

Ne serait-ce pas plus profitable de lui dire : « Tu as l'air de bien t'amuser, je vais préparer le dîner » ? Penser pour l'enfant et à travers lui, en oubliant ses prérogatives d'adulte. Quel père s'interrompt immédiatement de la lecture de son journal quand son enfant lui dit : « Papa, on joue ? »

Pour servir l'équilibre psychique de l'enfant, le jeu ne doit pas être utilisé comme un miroir qui reflète l'idée que s'en fait le parent. Un enfant qui joue bien est un enfant qui joue seul, sans se sentir épié, admiré ou critiqué. Loin des regards. L'enfant ne doit pas se sentir obligé d'adhérer à la pensée de ses parents ou des constructeurs, mais libre d'inventer et de créer un personnage inédit, des règles inattendues.

Imaginez un dîner amical où vous seriez toujours du même avis que vos hôtes, reprenant chaque idée pour la faire vôtre, acquiesçant implicitement sans tenter de débattre. Le dîner semblerait bien morose, sans contradicteur, et vous sortiriez déçu de n'avoir pu trouver en vous-même les mots qui traduisent votre pensée.

Lorsqu'il joue, l'enfant invente deux personnages, lui et le personnage du jeu, échangeant, sans le formuler clairement, des sentiments contradictoires. Il peut être tour à tour le bon et le mauvais, le tendre et le cruel, l'actif ou le passif. Il n'en est pas conscient, mais il organise un débat, il gère sa pensée, il apprend à reconnaître ses impulsions, agréables ou non.

Du fait de la part extraordinaire qu'a prise l'enfant dans notre société comme consommateur immédiat de jeux et de loisirs sans cesse renouvelés, les parents sont beaucoup plus pris à partie comme instigateurs des achats et organisateurs des temps libres. Lorsqu'ils tolèrent la poupée Barbie ou la tortue Ninja dans la corbeille du père Noël, ils ont deux motivations : ils sentent bien que s'ils n'accèdent pas un minimum au désir de leur enfant, celui-ci sera déçu de l'ensemble de ses cadeaux et ils craignent qu'il ne se marginalise par rapport à ses petits camarades. Ils souhaitent alors, en faisant cet achat qui ne leur fait pas plaisir à eux, parents, concéder une place à la normalité, et intégrer leur enfant dans un siècle qui va trop vite. Ils pensent compenser en ajoutant au pied du sapin des jeux éducatifs, des puzzles, des livres, qu'ils valoriseront à l'extrême au moment d'admirer la générosité du père Noël. Ils proposent immédiatement d'aider les enfants et de jouer avec eux, méprisant le robot ou la vilaine poupée que leur enfant attendait ou lançant une phrase lapidaire du genre : « Comment peut-on inventer des jouets aussi laids et inutiles ? » qui fait perdre à l'enfant son plaisir en mettant à nu une contradiction qu'il ne peut assumer. S'il a envie d'un jouet méprisable, c'est que lui-même en jouant devient méprisable aux yeux de ses parents. Vaguement inquiet (le père Noël passera-t-il encore l'année prochaine ?), il accepte de faire plaisir. C'est entendu : ils feront une partie de Mémory avant le déjeuner et entameront le montage compliqué de la nouvelle boîte de Lego cet après-midi. Gageons qu'avant de s'endormir, secrètement, il racontera sa journée à sa poupée trop laide.

Pourtant, l'enfant ne désire jouer que pour une chose : parce que c'est amusant. Il n'est pas conscient de son besoin de jouer. Il ne sait pas que son équilibre vient du bien-être résultant du sentiment de pouvoir maîtriser les objets alors que le reste de sa vie est manipulé par ses parents et les autres adultes qui s'occupent de lui. Il ne mesure pas qu'il transforme une situation où il est passif en un événement dont il est l'instigateur et le maître actif.

Surveillant ses activités ludiques, les parents qualifient de créatifs tous les jeux spontanés qui ne relèvent pas immédiatement du mode d'emploi. Par ce biais, ils créent de nouvelles règles et transforment l'objet imaginaire en objet utilitaire. En donnant une fonction à tout acte relevant de l'imaginaire, ils cloisonnent l'esprit de l'enfant pour en faire un outil immédiatement efficace. La rêverie est alors exclue de ce système de pensée qui se maintient en permanence dans le registre du rationnel.

L'enfant privé d'un mode de fonctionnement ludique et original devient facilement maniaque et obsessionnel. Apprécié par ses parents, ce type de comportement, de plus en plus fréquent chez l'enfant, rassure parce que l'enfant apparaît comme méticuleux, bien organisé, ayant des activités de plus en plus fonctionnelles, reproduisant sans erreur les schémas des adultes. Mais, par ce biais, il limite sa pensée, s'assure des défenses intouchables, perd sa vulnérabilité qui en faisait un être sensible et créatif, apprend à ignorer les conflits qui risqueraient de le remettre en cause. En apparence solide, il a, en fait, du mal à se confronter à une réalité qui ne lui obéit pas toujours, tant s'en faut. Adulte, pour échapper à un univers qui l'oppresse, il mettra en place des systèmes de défense concrets qui ne laissent plus la place à l'imagination et au désir. Ainsi, il restera tard au bureau ou s'épuisera dans les corvées ménagères, il tentera de maîtriser son corps par des régimes ou des séances de gymnastique, il sera toujours occupé, à faire ses comptes, à ranger sa maison, à lire une revue utile, à mesurer son temps, ses heures de sommeil, l'équilibre de son alimentation. Il évitera consciencieusement l'émergence d'une pensée gênante qui l'obligerait à réfléchir.

Contraint de jouer efficacement, l'enfant ne sait plus rêver. Il n'ose plus recommencer mille fois le même geste rassurant, chantonner la même berceuse, raconter la même histoire à sa poupée.

Ses parents ne lui racontent plus d'histoires (en ont-ils seulement entendu ?), ses grands-parents de plus en plus rarement. Parfois, les parents lisent un livre le soir, mais ils se lassent vite de relire toujours le même, alors que justement c'est ce que l'enfant aime : entendre toujours la même histoire qu'il connaît par cœur, qu'il anticipe. La littérature enfantine se développe rapidement, la qualité des publications est très variable, mais le plaisir d'acheter l'emporte, et la bibliothèque se remplit de livres nouveaux, ce qui donne l'impression que l'enfant adorera lire. L'enfant apprécie l'achat, le cadeau, plus que le livre lui-même. Si ses parents achètent des livres pour se donner bonne conscience, dans un souci d'instruction et d'éducation, mais que, de leur côté, ils ne lisent jamais, il y a peu de chances qu'il devienne un lecteur. La lecture du soir devient un rituel obligatoire qui ne fait plus plaisir.

Les livres pour petits enfants ont de plus en plus d'illustrations au détriment du texte, fixant les personnages qui perdent ainsi leur pouvoir fantasmatique. Les histoires, sécurisantes, évitent d'aborder les problèmes existentiels tels que la mort, la méchanceté, la cruauté ; ils tentent de cacher à l'enfant tout ce qui va mal dans la vie. Ce n'est donc qu'un pâle reflet d'une existence bien banale qui n'intéresse pas vraiment l'enfant. Lui sait que l'homme n'est pas toujours bon, qu'il a des penchants agressifs ou égoïstes, qu'il peut faire de mauvaises actions sous l'effet de la colère ou de la jalousie. Par contre, l'histoire racontée, le conte lu et relu permettent à l'enfant de s'identifier au héros et de surmonter les difficultés psychologiques qu'inconsciemment il rencontre. Il n'a pas devant les yeux un dessin rationnel mais des rêves et des fantasmes qui l'aident à faire la part de ses sentiments contradictoires. Il est extrêmement rassuré par la présence de l'adulte qui raconte et la mélodie de sa voix, les intonations, le contact de son corps dans les moments terrifiants le guident et donnent une réalité supplémentaire à l'histoire qu'il écoute. Il a le sentiment de partager ses émotions. Mais, hélas, les adultes sont impatients, ces histoires trop connues les ennuient. Ils ont instauré un rituel conventionnel auquel ils n'adhèrent pas vraiment. Ils ne se passionnent pas pour l'histoire qu'ils racontent mais lisent mécaniquement, en pensant à autre chose. L'enfant n'est pas dupe. S'il se réjouit de grappiller le temps et la soirée de sa mère, de retarder le moment de se coucher et de l'empêcher de retrouver tranquillement son mari ou de regarder un bon film, le livre et sa leçon de morale trop clairement exprimée ne l'intéressent pas. Au fond, il préfère presque la cassette enregistrée qu'il écoutera quand sa mère aura le dos tourné, et qui lui racontera pour la millième fois l'histoire des Trois Petits Cochons ou de la Belle au bois dormant. Il l'écoute toujours quand ses parents sortent le soir : cette histoire connue le rassure tellement et lui promet le retour de ses parents !

Vacances

Mais, me direz-vous, vous êtes bien sévère ! Vous jugez des possibilités de jeu dans le cadre étroit d'un appartement citadin. Or, les enfants ont des vacances, des week-ends : ils peuvent alors vivre en toute liberté, sans contrainte, avec les amis, les cousins, sans surveillance...

Sans surveillance ?

Oui, si le petit enfant a pris l'habitude de trouver dans sa vie quotidienne, régulière, un espace de liberté et de rêverie. Alors, il sera capable d'aller à l'aventure, de construire le monde à son idée. Il sera tenté par de nouveaux espaces, de nouveaux camarades, mais à condition de ne pas se sentir épié, jugé.

Une maman me racontait, agacée, que le week-end précédent, elle avait emmené son fils et un petit camarade voir les marionnettes du Luxembourg. Pendant qu'elle faisait la queue dehors, par un temps frisquet, les enfants s'étaient emparés de bâtons et couraient autour du groupe rassemblé en jouant aux mousquetaires. Elle remarqua d'abord les regards exaspérés des autres mamans attendant patiemment, leurs enfants accrochés à leur manteau. Les deux garçons, ayant trop chaud, lui jetèrent leur blouson en passant près d'elle. Les critiques se firent alors à haute voix : « C'est incroyable, on laisse des enfants attraper froid par un jour d'automne. » Puis elle fut directement prise à partie, son indifférence et son calme étant probablement jugés comme une insolence, et elle fut priée de calmer ses garçons qui soulevaient de la poussière et risquaient de blesser les plus petits avec leurs horribles bâtons. Refusant de céder à d'aussi stupides injonctions, elle les envoya simplement courir un peu plus loin, sous les soupirs pincés des mères trop bien élevées. Mais, au moment d'entrer dans la salle de marionnettes, elle se sentit obligée de les sermonner, leur demandant d'une voix trop forte de jeter leurs bâtons et de se calmer, restaurant aux yeux des autres mères leur qualité d'enfants sages, mais craignant de briser en quelques phrases la joie qu'ils avaient éprouvée en courant dans l'air froid.

Il en est souvent ainsi. L'enfant ne peut, ne sait trouver un espace où sa liberté ne soit rognée par sa famille ou par son environnement. Il n'ose pas davantage prendre des initiatives pendant ses vacances que dans sa vie quotidienne. Certes, il joue sur la plage, il construit des châteaux de sable, il s'aventure dans les rochers, mais il vérifie toujours que sa mère n'est pas loin et peut, par son regard, le rassurer sur sa témérité. Car, au fond de lui-même, il a un peu peur, et pour vivre pleinement des vacances en liberté il faut pouvoir vaincre sa peur, savoir reconnaître et maîtriser le danger.

Il ne s'agit pas pour autant de mettre volontairement ses enfants dans des situations périlleuses.

Mme Darmont m'amène sa fille au mois d'octobre pour des troubles du sommeil et des cauchemars. Lydia, 5 ans, me raconte un rêve où, ne parvenant plus à retrouver sa maison, elle pleure. Je demande à sa mère, qui ne connaissait pas ce rêve, si elle en comprend la signification. Elle réfléchit, puis se souvient que, pendant l'été, elle avait été agacée par les disputes de ses enfants qui restaient toujours accrochés à elle, la sollicitant sans cesse pour jouer avec eux. Un jour, en rentrant de la plage, ils avaient été particulièrement odieux dans la voiture, se chamaillant et se donnant des coups. Elle les avait alors laissés à quelques centaines de mètres de la maison, dans un bois qu'ils connaissaient en principe par cœur, pour qu'ils se calment en rentrant seuls à pied à la maison. Mais les enfants s'étaient perdus et avaient mis une heure à retrouver leur chemin. Nullement inquiète à leur retour, leur mère avait trouvé que c'était une bonne leçon et, en effet, les enfants étaient restés plus calmes pour la fin des vacances.

Outre le côté pervers de cette initiative, elle a constitué pour Lydia une expérience traumatisante, car, si ses frères et sœurs plus âgés ont pu en rire, Lydia a cru vivre l'histoire du Petit Poucet et s'est crue un moment abandonnée. Puisque sa mère n'avait montré aucune inquiétude à son retour, peut-être voulait-elle vraiment qu'elle ne revienne jamais ?

Si la petite Lydia était partie se promener seule dans le bois bordant la maison pour chercher des pommes de pin, elle ne se serait pas perdue, car elle aurait su prendre des repères, même sans s'en rendre compte, et aurait été poussée par un but qui lui appartenait et pour lequel elle se sentait capable d'affronter la distance qu'elle mettait volontairement entre sa mère et elle. Depuis longtemps elle avait fait des expériences de séparation, et elle était sûre, au retour, de retrouver une mère attendrie par ses pommes de pin, comme elle l'avait été la première fois qu'elle avait traversé seule le salon de ses pas chancelants. Par contre, mise dans une situation insolite, inquiète de la colère de sa mère, elle a perdu toute confiance en elle-même.

Aventures insolites

Les traumatismes sont toujours inutiles. L'aventure, elle, est dans le cœur des enfants et non dans l'idée que s'en font les parents. C'est probablement un des enjeux les plus difficiles à réussir de l'éducation. Apprendre à son enfant le goût de l'initiative sans pour autant qu'il se mette en danger. La recette est à la fois simple et complexe. Elle repose sur l'amour, la confiance, la sollicitude maternelle. L'amour est la sécurité primordiale. L'enfant qui sait qu'aucune réprimande, aucun interdit ne met en balance l'amour de sa mère ne tentera pas de provoquer celle-ci par des actes inconsidérés. La sollicitude et la confiance sont intimement mêlées. La sollicitude pourrait signifier que la mère surveille sans cesse son enfant, préparant, encadrant toutes ses initiatives, faisant de lui un bambin timoré, couvé, surprotégé. La confiance qu'elle met en lui évite les pièges d'une protection abusive.

Un autre exemple me vient à l'esprit pour expliquer ces distinctions. Xavier, âgé de 5 ans, passait ses vacances dans la propriété familiale. Celle-ci, pourvue d'un grand jardin, était bordée d'un côté par une petite rivière, de l'autre par la route. Il était interdit aux enfants de s'aventurer au-delà des grillages, vérifiés chaque année et suffisamment hauts pour décourager les initiatives d'escalade. La maison était mitoyenne d'une autre propriété mais, à la suite d'une brouille ancienne liée au partage d'un petit bois, les familles ne s'adressaient plus la parole.

À la fin des vacances, les cousins partis, Xavier s'ennuyait. Un après-midi, alors qu'il jouait au ballon seul dans le jardin, un tir bien réussi envoya le ballon dans le jardin voisin. Une petite voix hésitante, de l'autre côté du mur, lui proposa de venir le chercher. Xavier s'aventura chez les voisins, dans ce jardin qui lui semblait plein de mystères. Il fut accueilli par un enfant d'une huitaine d'années qui lui proposa de faire une partie de ballon, puis l'entraîna à la découverte de son jardin. Sur les berges de la rivière, il s'était aménagé une plage où étaient amarrés de petits bateaux de planches sommairement assemblées qu'il avait construits lui-même. Enlevant ses chaussures, dans l'eau jusqu'à mi-cuisse, il lançait ses petits voiliers et les rattrapait avec une longue ficelle. Puis il lui montra sa chère cabane au creux d'un vieux chêne. Xavier, en admiration, eut l'impression d'avoir trouvé le meilleur ami de sa vie. Les appels de sa mère mirent longtemps à parvenir à ses oreilles. Lorsque celle-ci le vit sortir du jardin interdit, crotté et mouillé jusqu'à la taille, elle ne remarqua pas ses joues rouges, sa fierté, elle n'écouta pas ses explications, mais lui donna une fessée mémorable que Xavier ne devait pas oublier de sitôt. Le soir, au dîner, ses méfaits furent racontés, soulevant l'indignation générale, renforçant l'idée que les voisins étaient des gens infréquentables : « Voyez comment ils élèvent leurs enfants ! » Il fut comparé à son oncle, sa mère disant à son mari : « Il me fait penser à ton frère, il paraît qu'enfant il ne faisait que des bêtises, désobéissant, bagarreur, tu vois ce qu'il est devenu : danseur-chorégraphe, un marginal, un raté ! »

Que pouvait penser Xavier de ces mots assassins, de cette punition injustifiée alors qu'il avait vécu une aventure merveilleuse ? Il n'était pas prêt à renoncer à ses souvenirs, à son amitié. Pour la première fois il ne fut pas d'accord avec ses parents, et souhaita ardemment ressembler à cet oncle qui avait tant de liberté, qui avait renoncé aux préjugés familiaux étroits, qui connaissait des amitiés exaltantes, qui faisait un métier extraordinaire. S'il eut du mal à s'endormir ce soir-là, ce n'est pas par tristesse d'avoir été grondé mais par l'excitation de sa journée passionnante et par le désir de trouver le moyen de déjouer l'attention de ses parents et de s'échapper du jardin vers celui tellement merveilleux de son nouvel ami.

Sa mère a obtenu le résultat inverse de celui qu'elle souhaitait. Elle l'a privé de son amour en le frappant, elle lui a montré qu'elle était rancunière en en parlant encore le soir et que la perte d'amour pouvait donc durer longtemps. Elle aurait pu au contraire montrer sa sollicitude en se réjouissant de sa joie, en le laissant raconter son aventure, en lui rappelant gentiment qu'il ne savait pas nager et que la rivière pouvait être dangereuse. Elle aurait pu lui proposer d'attendre encore un an ou deux puis d'aménager lui aussi une petite plage pour amadouer cette rivière qui constituait un interdit tellement tentant pour les enfants ! Elle aurait pu proposer d'inviter ce jeune voisin, donnant ainsi confiance à Xavier dans ses choix amicaux, en parlant avec lui.

Les interdits rigides non expliqués aux enfants ne portent jamais de fruits. Ils suscitent au contraire la tentation de la transgression, de la ruse, du mensonge. L'enfant est très tôt capable d'appréhender le danger : il est déjà tombé du divan, s'est brûlé en posant sa main sur le four, a bu la tasse dans sa baignoire ; il connaît beaucoup mieux ses limites que l'adulte ne veut le croire. S'il va trop loin, c'est souvent qu'il cherche à provoquer, qu'il manque d'amour et que, par des bêtises énormes, il pense pouvoir attirer l'attention, devenir intéressant, créer l'inquiétude, forcer la sollicitude.

L'enfant mérite qu'on lui fasse confiance. En retour, il prend confiance en lui-même et tire les justes leçons de ses expériences. La confiance s'installe à travers le dialogue, le partage des émotions, des imprévus, qui prennent tout leur sens dans les mots qui les expliquent.

En vacances, les horaires sont plus souples, les repas fantaisistes, les enfants jouent, courent, sautent dans le jardin, tandis que leurs parents font la sieste ou reçoivent des amis, oubliant complètement de coucher les petits qui font de folles parties dans le noir. Ils n'en acquièrent pas pour autant l'autonomie.

Ce n'est pas seulement pendant les vacances que l'enfant apprend le risque et l'indépendance, surtout s'ils sont programmés, mais dans la vie de tous les jours. Pendant ses loisirs, il peut élargir son champ de découverte, apprendre la nature, libérer son corps dans des exercices physiques inhabituels. Il enrichit son potentiel mais il ne le crée pas de toutes pièces.

Par contre, une des grandes joies des vacances est de pouvoir partager de longues journées de détente avec des amis ou des cousins qu'il ne fréquente pas pendant l'année. Surtout si c'est dans un cadre nouveau, lorsqu'il va passer quinze jours chez sa tante, ou que ses parents louent une maison de vacances avec des amis. En observant d'autres habitudes de vie, d'autres modes de fonctionnement de la pensée, chez des enfants de son âge comme chez des adultes, il s'enrichit d'expériences nouvelles et peut découvrir en lui des traits de caractère qu'il n'osait exprimer dans sa famille. Tandis que sa mère aime l'ordre, sa tante apprécie la bohème, et il découvre avec étonnement que sa cousine Sarah ne se fait pas gronder si elle ne range pas ses jouets. Par contre, les repas sont une institution, et il apprend à manger des crudités et à finir son assiette. Paul, véritable acrobate, grimpe aux arbres à toute vitesse, il s'entraîne en cachette pour pouvoir le suivre, tandis que Sarah, indépendante, aime se promener seule sur la plage. Il l'accompagne parfois et il apprend alors à ramasser des coquillages. Il est petit dormeur et se lève tôt mais comprend vite qu'il doit respecter le sommeil de ses cousins et patiente avant de les réveiller. Il observe, il enregistre des modes de vie différents, il craint moins de se séparer de ses parents car il se sent en sécurité avec ses cousins.

Ainsi, l'enfant en vacances apprend une liberté qu'il avait seulement pressentie pendant l'année scolaire. Le fait de reconnaître, d'avoir confiance en soi et de partager ses expériences, de construire des souvenirs qu'il évoquera avec joie bien des années plus tard lui apporte une indépendance qu'il mettra à profit dans sa vie quotidienne.

Par peur du risque, par manque de confiance, beaucoup de parents organisent rigoureusement la journée des enfants. Ils les inscrivent le matin dans un club où ils sont parfaitement encadrés, choisissent des plages sans danger, interrompent une passionnante partie de Monopoly sous prétexte de faire une promenade par cet horrible crachin breton qui vous transperce, autorisent une partie de ballon après le dîner à condition qu'elle soit suivie d'une lecture calme au lit.

Pourtant, les vacances devraient être un temps pour observer les enfants dans leurs rythmes fondamentaux, pour tenter de se mettre en harmonie avec leurs désirs, leurs pulsions, leurs pensées. Découvrir que l'on peut simplement les regarder vivre. On redécouvre avec plaisir avec eux la pêche à la crevette, la promenade à vélo, l'élevage des têtards. Il faudrait agir avec un temps de retard et d'observation pour que ce soit l'enfant qui nous guide et non le contraire. Nous découvririons alors un monde imprévu, attendrissant, et en prenant conscience de l'importance de ses jeux, nous lui ouvririons grand la porte de l'imaginaire.

Et puisque les parents sont plus calmes et détendus, pourquoi ne se montreraient-ils pas eux aussi sous un jour nouveau, inattendu, instaurant l'humour que l'enfant aime tant, la surprise et la confiance réciproque ?

Baptiste n'en crut pas ses yeux le jour où son père lui offrit un somptueux navire. Depuis plusieurs jours il l'admirait, présenté en devanture d'un antiquaire. Rien ne lui semblait plus beau : les trois ponts finement décorés, la cabine de pilotage aménagée, les dizaines de petits hublots, les cordages, l'ancre et le gouvernail. Son père, d'habitude économe, le lui offrit sans discuter le prix. Fièrement, ils partirent tous les deux au bout du quai lancer le bateau à la mer. Mais celui-ci s'enfonça doucement dans un bruit de bulles qui terrifia Baptiste. La colère de son père allait être terrible : pourquoi avait-il voulu mettre ce navire à la mer ? Il entendit alors un immense fou rire, son père riait tellement qu'il ne parvenait pas à repêcher le bateau en piteux état. Ils repartirent, libérés de tout regret, bras dessus, bras dessous, et Baptiste eut droit à une double glace au chocolat.

Merveille du parent inattendu : Baptiste n'est pas près d'effacer ce souvenir ! Le costume trois-pièces, le regard sévère derrière les lunettes, les repas ennuyeux, le silence du bureau quand il travaille sont balayés. Ce père inouï est le sien, il lui ressemblera. Quant à son papa, réalisant sans le savoir un vieux rêve enfoui dans ses souvenirs d'enfance, avoir un splendide navire, il a compris dans la même seconde qu'il était une grande personne dont les rêves d'enfant ne se réalisaient plus mais qu'il avait gardé une âme d'enfant capable d'aimer, d'offrir et de rire.

9

ÉCOLE PRIMAIRE : LIRE, ÉCRIRE, COMPTER

Et quand tu dis cela toute la mer et tout le ciel
S'éparpillent comme une nuée de petites filles
Dans la cour d'un pensionnat sévère,
Après une dictée où « Le cœur m'en dit »
S'écrivait peut-être : « Le cœur mendie. »
ANDRÉ BRETON

Mathilde, 5 ans, passage anticipé au CP. Elle a un bon niveau en primaire mais travaille beaucoup à la maison. À 11 ans, en cinquième, Mathilde prend des cours particuliers de maths et d'anglais, elle a du mal à rester au niveau de la classe.

Paul, 9 ans, CM1, travaille dur pour avoir le niveau requis pour son entrée en sixième dans une école de renom, deux ans plus tard. Il a souvent des maux de tête et des douleurs abdominales. À 14 ans, en troisième, il est renvoyé de son collège privé, car il ne pourra suivre la seconde dans le même établissement, ses résultats étant insuffisants. Il redouble dans un collège public avec un sentiment d'injustice et d'échec.

Élise, 10 ans, est une élève moyenne dans toutes les matières. Elle lit beaucoup et bavarde plus encore. Elle est indisciplinée, et les études ne l'intéressent pas beaucoup. En seconde, elle décide de faire des études de médecine. Motivée, elle obtient son bac avec mention.

Jonathan, élève médiocre en primaire, fait des dictées tous les soirs et est suivi en orthophonie. À 13 ans, il réalise qu'il possède des dons musicaux exceptionnels mais qu'il doit travailler dur pour acquérir un bon niveau technique en solfège et en piano. Il ne peut mener de front ses études musicales et sa scolarité et se sent en permanence déchiré entre ses aspirations profondes et le désir de ses parents qu'il poursuive des études classiques.

Carole, brillante, sérieuse, saute une classe à l'école primaire. Elle travaille très régulièrement et reste bonne élève au collège, mais elle n'a pas d'amis, se replie sur son travail qu'elle termine tard le soir. Son immaturité affective l'empêche de participer aux activités extérieures de ses camarades. Elle se sent mal dans sa peau.

Mathilde, Paul, Élise, Jonathan et Carole sont des enfants comme les autres : entre le CP et la terminale, la route est longue. À 6 ans, leur intelligence est vive, ils sont désireux d'apprendre et valorisés par l'importance que prennent les premiers apprentissages scolaires aux yeux de leurs parents. D'un seul coup, ils sont devenus des « grands ». Alors, d'où vient qu'il y a tant d'échecs chez les adolescents ?

Les parents oublient souvent que la performance scolaire immédiate n'est pas toujours synonyme d'une réussite à long terme ; l'enfant commence la première année d'études qui dureront quinze ou vingt ans. Plus que jamais, il faut penser à lui sur la durée, avoir confiance en lui pour l'avenir, mesurer si les apprentissages sont acquis définitivement ou uniquement pour le contrôle du lendemain. Il s'agit pour l'instant de mettre en place les bases des connaissances futures. On n'apprend pas à lire comme on mémorise par cœur ses dates d'histoire pour passer le baccalauréat, on n'apprend pas à compter comme on récite le théorème de Pythagore.

Tous les enfants ne sont pas premiers de la classe à l'école primaire ; que se passe-t-il tout à coup ?

À l'âge de 2 ou 3 ans, les parents sont en admiration devant l'extraordinaire mémoire de leur enfant. Il se souvient de mots incroyables que ses parents n'utilisent jamais ; il se met à hurler en passant devant la porte cochère de l'ORL qui lui a fait une paracentèse un an auparavant ; il va directement vers le placard des gâteaux dans la maison de tante Jacqueline ; il refait six mois après un puzzle difficile sans une erreur. Et, à 7 ou 8 ans, ses capacités de mémorisation semblent envolées. Apprendre une récitation devient une épreuve de force, les tables de multiplication sont révisées chaque année, l'application des règles grammaticales demande encore une longue réflexion en sixième, l'histoire et la géographie relèvent du plus grand flou... Apprendre n'est plus un jeu : la pression scolaire, l'exigence de résultats obligent l'enfant à investir dans l'effort intellectuel.

La période qui couvre l'âge de l'école primaire s'appelle la phase de latence, un curieux mot pour les parents lorsque l'on songe aux changements de l'enfant de cet âge, à la quantité de connaissances nouvelles qu'il va acquérir, à l'affirmation de ses traits de caractère. Autrefois, on disait l'« âge de raison ». Il faut comprendre que, pour pouvoir s'ouvrir aux apprentissages intellectuels, l'enfant doit avoir dépassé les conflits affectifs de la petite enfance. Il a appris à connaître son corps et à contrôler son fonctionnement ; il s'est reconnu petit garçon ou petite fille, différent des autres enfants et des adultes qui l'entourent ; il a dominé ses pulsions archaïques et l'angoisse qu'elles entraînent. Il a traversé la longue période œdipienne où son seul souci était de conquérir son père ou sa mère et d'éloigner le parent du même sexe que lui, puis d'accepter son infériorité vraie, irrémédiable, et redonner à ses parents la place qui est la leur, tout en commençant à se détacher d'eux. Il a perdu son désir de maîtrise absolue du monde en étant le seul héros de son histoire. Il a déjà fait l'apprentissage de l'obéissance collective et doit maintenant pouvoir faire preuve d'autodiscipline. Il peut maintenir ses objectifs, conscient d'être le moteur de son action, et le plaisir qu'il ressent lorsqu'il atteint son but le récompense des difficultés qu'il a dû vaincre. Mais, pour cela, il exerce un contrôle sur son impulsivité et son instabilité et prend la réalité extérieure en considération. Il accepte le point de vue d'autrui, perd son égocentrisme grâce à une autonomie morale.

L'entrée à l'école primaire devrait répondre à cette capacité de l'enfant d'apprendre par lui-même et non pour réagir au seul désir de ses parents. Cette période lui permet de développer sa curiosité intellectuelle grâce à une maturité affective : les deux doivent être réunis pour faire un bon élève. S'il a confiance en lui, il s'adaptera facilement à la vie sociale dans laquelle il investit son énergie. Il n'a plus de conflit marqué avec ses parents. L'avenir lui semble plein de promesses. L'adolescence, venant mettre un terme à ce temps de répit où l'enfant a appris à maîtriser ses tensions internes, viendra bientôt mélanger les cartes.

Passage anticipé en cours préparatoire

Julie est née en février, elle aura 5 ans et demi à la rentrée de septembre. Serge et Nathalie ont décidé d'un passage anticipé au CP à la fin de trois années de maternelle : Julie est sage et appliquée, elle commence à déchiffrer ses livres d'enfant, elle recopie avec un beau graphisme. Pour l'école du savoir, Julie est prête. Elle a très envie d'apprendre à lire, elle a confiance dans ses aptitudes scolaires et intellectuelles, et ses parents sont là pour l'aider et l'encourager.

Son camarade Denis a seulement trois mois de plus qu'elle, puisqu'il est né au mois de décembre, il est donc entré en CP à 5 ans et demi sans dérogation, l'année civile faisant loi. Pourtant, Denis a besoin de se dépenser en courant et en jouant au ballon, et trouve insupportables ces longues heures assis devant une table. Il gigote sans arrêt et la maîtresse le gronde. Il ne comprend pas du tout l'intérêt des histoires simplettes de son livre de lecture, que même son petit frère de 3 ans trouverait lassantes, les mêmes mots étant répétés sans cesse. Il les apprend par cœur pour ne pas avoir d'ennuis, mais n'a aucune curiosité pour la lecture. Lorsqu'il joue avec son ballon et se cache dans le jardin, il a l'impression de vivre des expériences passionnantes, il se raconte des histoires de bandits, il se bat contre des armées imaginaires ; mais son livre de lecture ne met en scène que des enfants sages qui mènent une existence idiote en répétant indéfiniment les mêmes mots. Il n'y trouve ni passion ni fantaisie et n'a aucune envie de s'identifier à ces personnages falots qu'il méprise. Ses résultats scolaires sont médiocres. Denis aurait eu plus de chance dans les pays nordiques, en Suède par exemple, où l'enfant apprend à lire seulement vers 7 ans.

Peut-être faut-il aussi réfléchir au contenu des manuels scolaires qui s'appauvrissent chaque année pour fournir à l'enfant un matériel sans intérêt. Dans son livre sur l'enfant lecteur, Bruno Bettelheim * constate qu'en

---

* *La Lecture et l'Enfant,* Éd. R. Laffont, collection « Réponses ».

1920 les manuels pour débutants comptaient en moyenne 645 mots différents. Dans les années 40, le vocabulaire était réduit à 350 mots ; actuellement, celui des livres de première année atteint péniblement 113 à 173 mots. Alors que l'enfant de 7 ans dispose de 4 000 mots environ pour communiquer ! Il les a appris dans son environnement familial et préscolaire et aimerait bien les retrouver dans la lecture au lieu de bêtifier sur « la pipe de papa » et « bébé boit son biberon ». Il ne comprend pas pourquoi son livre de lecture est si peu intéressant, alors même que la maîtresse lui présente en dictée : « Les dahlias s'épanouissent dans des vases de faïence », ou : « À l'automne, les enfants ramassent des bogues de châtaignes. » On croit parfois rêver...

Mais le système français impose un règlement pour l'entrée à l'école primaire qui ne tient pas compte du développement de l'enfant, de son environnement familial, de sa maturité affective. Si le passage anticipé est flatteur pour les parents, l'idée contraire de prolonger d'un an la scolarité en maternelle est ressentie comme un échec tant pour l'enfant que pour ses parents. Elle est bien rarement proposée : on craint que l'enfant ne doute de lui-même et ne développe un sentiment de culpabilité qui le gênera même s'il a gagné un an en maturité. Comme pour l'entrée en maternelle, l'entrée au CP ne devrait pas dépendre uniquement du calendrier civil, car qui se souviendra quand il aura vingt-cinq ans de la date d'anniversaire de l'enfant pour l'entrée en CP ? Mieux vaut pour un enfant être à l'aise et dans les premiers de sa classe que traîner pendant tout son primaire, soutenu sans relâche par ses parents, trouvant difficilement son autonomie. Mais, après trois ans de maternelle, la tentation est grande ; quantité d'arguments, extérieurs à l'enfant, sont avancés : ses amis passent en CP, ses cousins ont un an d'avance, son père raconte régulièrement comment, de son temps..., etc.

Les parents répondent-ils vraiment au désir de l'enfant lorsqu'ils anticipent sa réussite scolaire ? Ils répètent que c'est lui qui le demande, mais, depuis le temps qu'ils en parlent, ils l'ont incité, poussé à formuler ce souhait, et le petit est facilement manipulé sans que ni lui ni ses parents en aient conscience. On peut incidemment comparer les bons et les mauvais éléments de la classe, valoriser l'apprentissage préscolaire plutôt que l'imagination et l'habileté, oublier le jeu spontané pour mettre en avant les activités éducatives. C'est le narcissisme des parents qui a besoin d'être flatté ; ils veulent se rassurer sur leur compétence de parents en mettant en avant les capacités intellectuelles de leur enfant. Ils sont fiers à la sortie de l'école d'annoncer qu'ils ont obtenu une dérogation, jubilent quand la boulangère admire leur bout de chou avec sur ses épaules le lourd cartable, symbole de la grande école.

Pour entrer en CP avec un an d'avance, il faut un certificat médical. Je n'ai jamais pu le refuser, d'abord parce que c'est en général la dernière pièce du dossier que les parents demandent, ensuite parce qu'à ce moment-là la décision est déjà prise, et émettre un avis contraire ne changerait pas leur attitude tout en faisant naître un doute dans l'esprit de l'enfant présent à la consultation. Le travail se fait beaucoup plus en amont, lorsque l'on pressent des parents impatients, un enfant trop stimulé sur le plan intellectuel ; c'est dès l'âge de 3 ans qu'il est utile de parler des ambitions scolaires des parents pour leur enfant et de prévenir la valorisation intellectuelle au détriment de l'épanouissement affectif.

Pourtant, tout est histoire de cas particulier. Sandra a

montré très tôt un grand appétit pour tous les domaines intellectuels. Enfant unique très stimulée par sa mère qui avait une confiance illimitée dans son intelligence, elle était vive et dégourdie. Née en avril, elle était entrée à l'école à 3 ans et demi, et l'école l'enchantait. Comme par hasard j'avais vu traîner dans sa chambre une ou deux méthodes de lecture alors qu'elle avait tout juste 4 ans, tandis que sa mère m'affirmait développer au maximum les facultés ludiques de son enfant. Sentant qu'elle savait presque écrire, qu'elle commençait à lire à 4 ans, je proposai à la mère de bien réfléchir à l'avenir et de prévoir dès maintenant un passage anticipé au CP. Il serait préférable qu'elle passe directement en grande section de maternelle. Cette année-là prépare en effet à la grande école : les enfants ont de petits bureaux, des cahiers, l'emploi du temps est plus strict et met l'accent sur l'écrit. La maman de Sandra, responsable des parents d'élèves, s'occupait activement de l'école ; elle sut convaincre la directrice et Sandra passa directement en dernière année. Elle fit connaissance avec ses nouvelles amies, débuta le préapprentissage de la lecture et de l'écriture et son passage en CP se fit sans problème. Comme quoi les pédiatres ou les instituteurs ne sont pas toujours contre ! Mais il est bon de prendre plusieurs avis, et surtout de réfléchir en fonction de la maturité de l'enfant et des conditions de vie familiales.

Mais ces cas sont rares et en général se dessinent plutôt les ambitions démesurées des parents pour des enfants que le pédiatre ou le maître ne sentent pas prêts psychologiquement à faire le pas de la grande école.

Ce sont les parents qui décident. Il faut donc réfléchir à leurs motivations à eux. Il plane toujours la crainte d'une maladie qui freinerait la scolarité, cette peur instinctive qui pèse si souvent inconsciemment dans la relation des parents et des enfants. Peut-être qu'à notre époque où la maladie est une réalité qui s'éloigne devant les progrès de la médecine, les parents traduisent-ils ainsi une peur plus difficile à contrôler : peur de l'insécurité, peur des comportements déviants, de la délinquance, du chômage. En tout cas, l'argument médical est souvent mis en avant alors que tout est fait au contraire pour que, si l'enfant est malade, ses professeurs, ses camarades, l'équipe hospitalière au besoin prennent en charge les moyens de rattraper les cours manqués. L'enfant lui-même met un point d'honneur à ne pas se laisser distancer.

Se souvenant peut-être de leur adolescence difficile, les parents pensent qu'une année d'avance rendra tolérable une période de flottement, voire un redoublement, qui permettra à leur enfant de mûrir si la sortie de l'enfance est l'occasion de soucis et de tensions. L'avenir leur semble lointain et flou. Mais l'immaturité n'est pas nécessairement sanctionnée par un redoublement : il ne faut pas oublier que celui-ci est devenu exceptionnel pendant la scolarité jusqu'aux grandes classes. Par contre, si les résultats sont médiocres, si l'enfant est mal adapté, mal dans sa peau, confronté à des camarades plus âgés (et à 12-13 ans l'année de différence est aussi importante qu'à 5-6 ans), il devra se battre pour garder un bon niveau au détriment de son ouverture sur le monde extérieur, ou sera orienté vers des filières moins nobles que celles dont rêvaient pour lui ses parents lorsqu'il avait 5 ans.

Portés par leur propre enfance, les parents projettent sur leur enfant leurs espoirs, leurs illusions, leurs déceptions aussi. Ils pensent que plus il sera précoce, plus il aura de chances d'éviter des études rébarbatives, subies comme un pensum. Ils espèrent, en remplissant le plus tôt possible son cerveau-éponge de connaissances immédiates, qu'il deviendra un adulte brillant, qui saura choisir par vocation un métier gratifiant et rémunérateur, écartant à jamais l'ennui de longues heures de bureau.

Les parents comparent : au fils du voisin, bien sûr, mais aussi aux collègues plus diplômés, dont la carrière brillante avance plus vite que la leur. Le bonheur s'inscrit dans le cadre de la réussite scolaire et de la course aux diplômes. La jalousie s'installe en toile de fond. Jalousie de tous les personnages médiatisés que le petit écran et les journaux érigent devant nous comme symboles de la réussite sociale. Leur enfant ne pourrait-il pas être l'un d'eux dans quelques années ?

Jalousie d'un savoir universel qui leur échappe, d'une culture qui les dépasse, d'un luxe criard que leur pauvre salaire ne leur permettra jamais de seulement rêver.

Jalousie de leur enfant lui-même. Et le mot prend alors son double sens. C'est l'attachement exclusif à ce qui leur tient le plus à cœur, leur enfant, qui devient le modèle de leur conception de l'enfance ; ils sont jaloux et donc possessifs et protecteurs, surveillant ses progrès avec une vigilance ombrageuse. Mais ils deviennent aussi jaloux au sens où ils envient ses facilités, son rire, son intelligence précoce ; ils n'étaient pas eux-mêmes cet enfant brillant dans lequel ils ne se reconnaissent pas. Une nouvelle forme, sournoise, de compétition s'installe, le parent souhaitant maintenir sa supériorité et comptabilisant les erreurs que l'enfant fait encore ; et celui-ci, désireux de surpasser ses parents, de surmonter son infériorité, pressent inconsciemment une lutte d'influence.

L'enfant rentre dans une dynamique de compétition, présentée comme source de bonheur. Il est vrai que les places sont chères et les parents le savent. Ainsi, par exemple, chaque année, 70 000 bacheliers sont candidats pour entrer dans une classe préparatoire aux écoles de commerce, 15 000 seront admis dans un lycée et seulement quelques centaines intégreront une grande école. Ces élèves brillants ont fait un parcours sans faute pendant leur scolarité, mais personne ne se soucie de se rappeler s'ils avaient 5 ou 6 ans à l'entrée au CP. Par contre, ceux qui réussissent ont un bon équilibre psychique, ils ont su se plier à des professeurs différents et tirer tout au long de leurs études un maximum de profit de l'enseignement donné. Ce qui fait la différence à la fin, à connaissances égales, c'est justement la petite note de maturité ou d'originalité qui n'est pas le fait d'enfants poussés au maximum de leurs capacités et pressés par le seul désir de réussite de leurs parents.

La course aux diplômes commence si tôt que, projetant leurs désirs, les parents oublient souvent qu'ils ont en face d'eux un petit enfant qui n'a pas la moindre idée de ce qu'est le collège, la faculté et à plus forte raison une carrière réussie. Sait-il seulement ce que font ses parents ? Il a un papa, une maman, il n'a pas un banquier, un professeur, un avocat ou un dentiste.

Cette pression implicite peut entraîner des troubles du sommeil durables.

Jérémie n'avait aucune raison de se faire du souci. Il était toujours dans les trois premiers de sa classe ; sa famille unie et chaleureuse l'entourait d'affection ; il avait de nombreux et fidèles amis ; il pratiquait avec aisance le sport et le piano. Je le vis pour des difficultés d'endormissement. Sa mère, soucieuse de son équilibre, souhaitait qu'il se couche à 21 h 30. Jérémie ne pouvait s'endormir et empoisonnait la soirée par ses allées et venues dans le salon, son agitation croissante, son exaspération de ne pouvoir trouver le sommeil. Sa mère était obligée de s'allonger à côté de lui jusqu'à ce qu'il s'endorme enfin. Quelle forme d'anxiété se cachait derrière cette peur de la nuit ? Je lui posai la question et il me fit cette curieuse réponse : « Je n'y arriverai pas et maman ne m'aimera plus. » Ses parents exigeaient de bons résultats et une autonomie de travail. Jérémie craignait sans cesse de les décevoir et, dès qu'il était dans le noir, il s'imaginait bafouillant au tableau, récoltant un zéro et affrontant la colère paternelle. Personne à la maison n'avait failli aux ambitions scolaires : ses parents avaient une bonne situation, son frère était brillant, il devait suivre cette route royale. En approfondissant ce cas, je compris que l'enjeu n'était pas tant le succès puisqu'il était premier de sa classe, mais la crainte d'une perte d'amour maternel. Pour lui, sa mère ne pouvait l'aimer que s'il travaillait bien. Il ne se sentait pas aimé pour lui-même, mais pour les notes inscrites sur son livret. Il devait être plus doué que son frère et que son père pour les surpasser dans le cœur de sa mère et prendre la seule première place qui l'intéressait vraiment. Loin d'avoir coupé un cordon que sa mère s'appliquait aussi à tisser en s'allongeant près de lui pour l'endormir, il ne pouvait pas supporter de laisser ses parents seuls le soir parler de choses qu'il ne comprenait pas, ou son frère faire des dissertations et des devoirs de maths longs et complexes. L'équation qu'il tentait de résoudre avait dix comme résultat, l'inconnue était l'amour ; comment en tirer une opération qui tombe juste ?

Devoirs scolaires à la maison

Désireux de bien faire, les parents souhaitent garder le contrôle de la scolarité pour assurer les résultats, tant immédiats que lointains. En maternelle, accompagnant leur enfant dans la classe, ils regardaient les dessins affichés, feuilletaient le cahier, surveillaient le tableau noir où les lettres rondes de la maîtresse annonçaient les progrès à venir. Ils avaient l'impression de suivre pas à pas l'évolution scolaire des petits.

Mais, à partir de l'école primaire, ils ne sont plus admis dans les classes et les contacts avec le corps enseignant passent par des rendez-vous fixés longtemps à l'avance, qu'ils doivent solliciter eux-mêmes. Dans le meilleur des cas ils assistent à une réunion en début d'année, puis ils se contentent de signer les cahiers tous les quinze jours. Pour garder une certaine mainmise sur ce monde mystérieux de l'école, les parents ont à leur disposition le travail pendant les vacances et les devoirs à la maison. Théoriquement interdits à l'école primaire, ceux-ci sont devenus une obligation et sont exigés par les parents d'élèves eux-mêmes : il court tant de bruits sur le laxisme à l'école, la lecture globale, l'orthographe phonétique, la confusion du programme de mathématique où la théorie des ensembles a remplacé les tables de multiplication ! Il est bon de vérifier que le participe passé employé avec le verbe être s'accorde encore avec le sujet et que le triangle isocèle a toujours deux côtés égaux. En contrôlant chaque soir les devoirs et les cahiers, ils se rassurent et se déculpabilisent. Ils peuvent encourager mais aussi gronder, faire pression pour que les résultats soient meilleurs, promettre une récompense si le dix en dictée vient couronner leurs efforts. Certains parents, jaloux (de la maîtresse, du premier de la classe, de l'enfant lui-même), préparent la journée du lendemain pour que leur enfant puisse briller auprès de ses petits camarades. Quelle tristesse que ces journées qui commencent par la répétition de la dictée avant le petit déjeuner, et la récitation des tables sur le chemin de l'école !

Est-il évident et normal que l'enfant ait encore tant de travail à la maison après huit heures d'école ? Les plus rapides ne mettent que vingt minutes mais les calmes, les rêveurs, ceux qui ont épuisé toute leur énergie sur les bancs de l'école, gâchent leur fin de journée en pensant aux devoirs qu'ils ne font pas. Les parents comprennent difficilement que leur enfant ne parvienne pas à conjuguer le verbe être aux trois temps de l'indicatif. Mais comment le pourrait-il, lui qui ne sait pas de quoi demain sera fait, qui vit dans l'instant présent en se souciant bien peu du passé ?

Pour l'adulte qui lit sans réfléchir, écrit naturellement, compte sans effort, il est difficile de se mettre à la place du professeur et de l'enfant, d'appréhender la progression lente, répétitive qui le conduit sur la route du savoir. Il tolère mal les confusions, les oublis, les révisions qui semblent une perte de temps, oubliant la patience nécessaire pour que les règles deviennent des mécanismes.

Denis est un petit garçon normal de 6 ans. Son père ne comprend pas pourquoi il ânonne des mots simples, hésite sur ses tables, après une longue journée d'école. Il se fâche. « Mais à quoi donc a-t-il passé sa journée ? Ce n'est pourtant pas sorcier ! Est-il devenu tout à coup stupide ? » La guerre est ouverte : les maîtres sont des incapables ; Denis n'apprend rien, il est tout juste bon à ramener des pantalons troués et des mains sales ; le laxisme fait loi ; tout est à reprendre ; la méthode du livre de lecture est nulle ; les problèmes sont d'un niveau de 3 ans. Vraiment Denis peut mieux faire et, s'il était bien pris en main, il est certain qu'il dépasserait rapidement le niveau médiocre de sa classe, toujours rabaissé par les mauvais élèves. Si ça continue, l'année prochaine, il changera d'école.

Denis est désemparé par ce discours qu'il entend très

clairement : il lui semblait pourtant être comme ses camarades de classe, un petit garçon de 6 ans. Il a bien cru, lui aussi, l'année dernière, quand il pensait au CP, que dès le jour de la rentrée il saurait lire couramment, il a été un peu déçu mais la maîtresse leur a expliqué qu'on apprivoisait les mots peu à peu. Pour lui, lire est difficile, les chiffres sont barbares, et il y a déjà passé tant d'heures dans la journée ! Alors tous les soirs ce sont des drames. En général tout le monde pleure, Denis, sa mère, son petit frère qui reste dans un coin. Jusqu'au jour où les parents renoncent enfin à se substituer aux instituteurs. Et, comme par enchantement, les notes en classe remontent. Et puis, un jour, Denis se met tout seul à ses devoirs. C'est gagné. Mais il est déjà en CM1, il a 9 ans.

Jusque-là, il avait la tête pleine de désirs contradictoires. Comme tous les enfants de 6 ans, de 7 ans, de 8 ans, à la fois il a envie de jouer, de regarder la télévision, il sait qu'il doit apprendre ses leçons et travailler son piano, il se demande pourquoi c'est une jeune fille qui vient le chercher à l'école — il ne l'aime pas, mais on ne lui a pas demandé son avis. Ses parents sortent encore ce soir, il n'aura droit qu'au baiser rapide d'une mère parfumée, splendide, pressée, alors que justement il voulait lui expliquer qu'il s'était disputé avec son copain Vincent et qu'il avait raté sa dictée parce qu'il réfléchissait au meilleur moyen de se réconcilier avec lui.

Qu'est-ce que c'est que la réussite dont son papa parle toujours le soir au dîner ? Travailler toute la journée, être toujours sérieux, emmener des gros dossiers en week-end, n'avoir jamais le temps pour une partie de ballon ? Qui c'est, Danton et Robespierre, les Girondins et les Montagnards ? Il n'a rien compris quand sa maman lui a expliqué la Révolution française ; avec la maîtresse, c'était plus clair ; ce qui lui a surtout plu, c'était Louis XVI et la guillotine. C'est difficile, l'école, il n'est pas en première année de faculté ! Il a déjà du mal à comprendre la différence entre un mammifère et un poisson...

Il se demande pourquoi sa maman a l'air de s'ennuyer quand elle le fait travailler, pourquoi elle est là en pensant à autre chose ; il aimerait mieux savoir ce qu'elle a dans la tête que de l'écouter bâiller en l'interrogeant sur ses tables de multiplication.

Il se demande si lui aussi il va mourir comme son grand-père et si ça fait mal quand on s'en va.

Il se demande pourquoi ses parents se disputent quand ils croient les enfants couchés ; il les entend très bien car il se force à rester éveillé pour écouter ce qu'ils vont dire. Il ne comprend pas tout mais il est souvent question de l'éducation, ils ne sont pas d'accord. Il se demande s'ils vont divorcer comme les parents de Thomas. Il en parle à la récréation avec Thomas.

Il pense que ce serait mieux si ses parents avaient un magnétoscope, il pourrait enregistrer ses dessins animés préférés et regarder pendant des heures les mêmes cassettes.

Il se demande pourquoi sa sœur a tous les droits alors qu'elle n'est qu'en maternelle : elle peut jouer quand il fait ses devoirs ; la jeune fille range sa chambre alors qu'il doit faire en sorte qu'elle soit impeccable pour le retour de sa mère ; le soir son père lui raconte une histoire alors qu'il doit lire tout seul dans son lit des gros livres, sous prétexte qu'il sait déjà lire et qu'il est grand.

Il se demande si ses parents vont lui offrir le ballon de foot dont il rêve ou encore une fois un dictionnaire et des Lego, alors qu'il en a deux valises pleines et qu'il n'y joue jamais.

Il se demande pourquoi la maîtresse ne l'interroge

pas, alors qu'il lève le doigt, comme s'il ne l'intéressait pas. Elle interroge Sylvie ou Jérôme, mais ils savent toujours leurs leçons, ce n'est pas très varié !

Il se demande si le prof de gym sera encore absent, il est souvent absent et la maîtresse remplace alors l'heure de gym par une heure de lecture silencieuse, ce qui ne l'amuse pas beaucoup. Lire, lire, lire, il n'y a pas que ça dans la vie. Son père préfère regarder les matchs de foot à la télévision et sa mère ne feuillette que des magazines.

Il a tout ça en même temps dans sa tête, surtout le soir quand il est fatigué de sa journée ; il dit d'ailleurs qu'il a mal à la tête parce que trop d'idées contraires se bousculent : comment pourrait-il se concentrer sur un problème de math ou apprendre sa récitation ?

Les mères se plaignent souvent, en consultation, de la lenteur de leur enfant. En général, j'éclate de rire avec l'enfant en remarquant ses yeux pétillants d'intelligence, son attention aux aguets, ses gestes vifs et précis.

Lent et paresseux sont des adjectifs qui conviennent d'autant moins à l'enfant qu'ils les poursuivent longtemps et leur collent à la peau jusqu'à en faire justement une deuxième peau, fausse celle-là. Je ne connais aucun enfant lent. Je ne connais aucun enfant paresseux. Je connais des enfants rêveurs, imaginatifs. Je connais beaucoup d'enfants qui n'aiment pas l'école. Je connais beaucoup d'enfants qui ne jouent plus et qui s'ennuient.

M. Bakra m'amène David pour bilan d'une fatigue chronique. L'examen clinique et les examens complémentaires pratiqués sont normaux. Puisque aucune cause organique n'est trouvée, M. Bakra me dit que son fils est un paresseux, qui simule la fatigue pour ne rien faire. David est pourtant bon élève, mais dans une école où aucun fléchissement scolaire n'est autorisé. Dès qu'une note est inférieure à six sur dix, l'enfant est placé sous « haute surveillance » (*sic*). Si l'incident se reproduit, il a autant d'heures de colle que de mauvaises notes. Ce régime carcéral vise prétendument à éviter le redoublement qui pèse sur la tête des enfants comme une menace honteuse. Les livres de classe sont des manuels tristes et gris et les méthodes d'enseignement reposent sur la répétition par cœur des tables de multiplication, des règles de grammaire, des dates d'histoire et des leçons d'éducation civique. Je crois retomber cinquante ans en arrière : une bien triste école en vérité, pas même sous contrat de l'Éducation nationale, mais répondant sans doute à la demande conformiste et rigide de certains parents et préparant bien peu les enfants à avoir 20 ans au XXIe siècle. David a de quoi être fatigué !

Pour la première fois dans ma pratique médicale, j'impose un repos strict à la maison pendant quinze jours ; ma proposition que David n'ouvre pas un seul livre de classe est repoussée, je suis trop gourmande. Mais je fais confiance à David, je l'ai autorisé à jouer, à rêver, à prendre son temps, il saura déjouer l'attention de la baby-sitter et traîner sans rien faire.

Quand je le revois au terme de ces quinze jours, car je craignais une angoisse de « rentrée », j'ai la bonne surprise de le trouver calme, détendu, décidé à travailler pour terminer cette année. Il a établi un contrat avec ses parents : si les résultats sont stables, il changera d'école l'année suivante.

Beaucoup de petits problèmes scolaires se résoudraient simplement si l'enfant avait à la fois le temps et l'autorisation de jouer. Tant qu'il ne parvient pas à travailler seul, tant qu'il ne peut prendre un livre pour s'occuper, il a besoin de jouer. Il faut bien voir qu'aujourd'hui toute curiosité intellectuelle passe par la maîtrise de la lecture et de l'écriture. Or, pour l'enfant, ce sont des disciplines scolaires qu'il rejette. Il lui faudra des années pour intégrer l'écrit à son mode de pensée. Il veut bien feuilleter une revue avec de belles photos d'animaux, mais lire le texte, sûrement pas, ça, c'est l'école. Il peut faire un jeu de société s'il n'a pas besoin de se référer aux règles. Il peut dessiner ou colorier, mais tenir un journal intime secret, non ! Il croit faire une rédaction.

Il ne faut pas lui en vouloir. S'il ne peut se servir au quotidien des outils qu'il utilise à l'école, s'il entretient des cloisons étanches entre le savoir et le temps libre, c'est qu'il a encore besoin de se détacher de la petite enfance et des conflits obligatoires de cette période de formation de la personnalité. Il a encore besoin de jouer les situations parfois anciennes qui l'ont troublé. Tant qu'il ne saura pas résoudre, par la pensée, les angoisses, les frustrations, les désirs qui l'animent, il aura besoin de les jouer. Souvent, à cet âge, le jeu avec des camarades permet de concrétiser les relations humaines sociales, obligatoires, conflictuelles, que l'enfant rencontre sur son chemin ; c'est pourquoi il aime tant être avec des amis.

Plutôt que de lui dire : « Tu t'ennuies, mais lis donc, écris à ta grand-mère ! » il faudrait lui dire : « Tu t'ennuies, mais joue, invite un copain ! » Ce langage, qui serait celui de la sagesse, de l'investissement dans l'équilibre psychique à venir, n'est que bien rarement tenu.

L'enfant ne se sent plus autorisé à jouer. Les bons discours sur sa réussite scolaire le lassent. D'accord, il sera un petit enfant sage. Il fera rapidement ses devoirs pour être débarrassé, puis il jouera au Mémory pour avoir le droit ensuite de regarder la télévision, il dînera proprement pour pouvoir faire une petite partie d'échecs avec son père si celui-ci est rentré assez tôt, puis à 21 heures il sera couché, somme toute assez fier d'avoir rempli sa mission et d'avoir fait plaisir à ses parents. Il ne vit que pour faire plaisir aux autres, il s'applique pour être brillant, il met en sourdine ses soucis et ses aspirations originales : d'ailleurs, en a-t-il seulement ? ou bien sont-ils laminés, oubliés, abandonnés ? Le modèle pour l'avenir n'est-il pas qu'il devienne un bon banquier, un bon chef d'entreprise, un bon cadre supérieur ?

Télévision

Il est vrai que nous devons composer avec un obstacle inéluctable à la libre pensée. La télévision dévore l'univers des enfants. Ils ne choisissent pas plus les émissions culturelles pour la jeunesse qu'ils ne prennent spontanément un livre. Ils gobent tout, ils zappent indéfiniment de dessin animé en feuilleton insignifiant, ils regardent cent fois les mêmes publicités, ils sont accrochés à l'image. Lorsque nous allons éteindre le poste avec agacement, combien de fois, nous, les adultes, sommes-nous nous-mêmes piégés par un semblant d'intrigue qui nous contraint à regarder pendant dix minutes le petit écran, contre notre volonté, captés par l'enchaînement insignifiant de scènes sans intérêt ?

Pourquoi la télévision n'évolue-t-elle pas ? On entend toujours parler de programmes culturels ou scolaires pour la jeunesse, on dit que la télévision est un outil inestimable pour la transmission des connaissances ; les plus brillants intellectuels de tous les pays proposent des émissions intelligentes pour les jeunes ; les projets intéressants remplissent les tiroirs des salles de rédaction. Mais la télévision suit l'audimat à la minute près, les grilles des chaînes sont établies à partir de cet applaudimètre populaire. Ce sont donc bien les enfants qui décident en réalité de leur programme lorsqu'ils choisissent les dessins animés du club Dorothée plutôt que *La Vie des animaux* sur Arte. Chaque fois qu'ils zappent d'une chaîne à l'autre une lumière rouge clignote à l'audimat. Et la publicité morcelle les programmes car chacun sait qu'elle permet d'équilibrer les budgets des chaînes de télévision : or les enfants sont de formidables acheteurs immédiats et potentiels. Le choix des programmes s'applique donc à complaire à l'enfant, le gave de publicités alléchantes qui occupent tout le temps d'antenne en dehors des heures scolaires et avant que les parents ne réclament pour eux-mêmes la lucarne magique.

L'enfant trop lié à la télévision n'a plus envie d'inventer un jeu créatif. Les consoles de jeux vidéo n'arrangent rien. Elles motivent souvent l'achat d'un poste de télévision supplémentaire pour la chambre d'enfant et isolent le joueur dans un monde coupé des réalités et terriblement répétitif. Si l'on est en admiration devant le bambin de 2 ans qui connaît le code de la porte cochère avant de savoir compter, la rapidité de l'enfant de 8 ans face aux boutons de son jeu vidéo n'a rien de remarquable. Je ne peux pas croire qu'il acquiert une adresse manuelle, qu'il s'initie à l'informatique, qu'il renforce son narcissisme en combattant des armées imaginaires. J'ai interdit le Game-Boy dans mon cabinet de consultation après avoir vu des enfants coupés de la consultation, perdant le sens d'un acte qui ne semblait plus les concerner, n'écoutant pas, interrompant la discussion par leurs cris de rage lorsqu'ils perdaient. Autant ils écoutent attentivement en jouant tranquillement dans un coin de la pièce ou participent gaiement à l'examen, fiers de comprendre les mystères de leur corps, autant ils sont exclus lorsque, assis en face de moi, ils manipulent compulsivement leur jeu, ou qu'ils s'impatientent parce que l'examen clinique n'est pas assez rapide.

Quelle que soit la façon dont je tourne et retourne ce problème, je ne vois pas de solution satisfaisante. Tour à tour tolérante ou intransigeante, je finis toujours par penser que la télévision prive nos enfants d'un vent de liberté, d'une souplesse de l'intelligence, d'une forme de curiosité intellectuelle.

L'interdire met l'enfant dans une position d'infériorité vis-à-vis de ses camarades et crée chez lui une boulimie d'images dès qu'il a l'occasion d'aller chez ses grands-parents ou chez des amis. L'absence de télévision le marginalise et peu d'entre eux sauront transformer cet interdit en force de caractère. Pis, la clef sur le poste mobilise toute leur énergie psychique pour déjouer l'intention des parents de limiter les dégâts d'une consommation excessive de télévision.

L'autoriser sans restriction en pensant que l'enfant finira bien par faire le tri des émissions pour ne garder que les meilleures est un leurre. Et quoi de plus désolant que ces enfants qui se lèvent avant la sonnerie du réveil pour se précipiter devant l'écran qu'ils regardent jusqu'à la dernière minute avant de partir à l'école, refusant le petit déjeuner et le brin de toilette. Ils arrivent à l'école les yeux bouffis d'images, poursuivant en pensée la suite du feuilleton interrompu, incapables d'écouter la maîtresse pendant la première heure de cours.

Mais quel parent peut dire sans rougir qu'il n'apprécie pas la grasse matinée du dimanche matin, sûr que son enfant, rivé devant le poste, ne fait pas de bêtises et ne viendra pas le réveiller? Qui n'a jamais trouvé la télévision irremplaçable un après-midi pluvieux? Qui détient des ressources d'énergie suffisantes chaque jour, chaque week-end, pour sauter du lit en chantonnant et proposer à la famille enthousiaste un jogging au bois de

Boulogne, une visite de la tour Montparnasse, une journée au musée ?

Pourtant, la seule clef d'une éducation de l'enfant face à la télévision repose peut-être dans l'acceptation et le partage. Ne pas le laisser seul devant l'écran mais regarder avec lui, de temps en temps, même des dessins animés de séries japonaises, pour pouvoir parler de ce que vous avez vu ensemble. Non pas pour critiquer mais pour valoriser ici le graphisme, là l'histoire ; demander à l'enfant ce qu'il en pense, quels souvenirs cela lui rappelle, s'il a eu peur ; lui proposer d'enregistrer un feuilleton qui sort de l'ordinaire. Faire de la télévision une occasion de partage d'émotions ou d'impressions, au lieu de transformer ce temps libre en occupation solitaire. Transformer le regard passif et vide en paroles pleines de sens. Mais il faut pour cela encore plus d'énergie que pour passer la journée dans les bois à cueillir des champignons. Car il faut bien reconnaître que la télévision arrange tout le monde, l'enfant qui s'ennuie et le parent qui a besoin d'un peu de calme. Accepter ce constat, y réfléchir et y mettre du sien pour ne pas être pris au piège de la facilité devrait déjà donner à l'enfant un sens critique, l'éloigner peu à peu du petit écran jusqu'à ce qu'il propose lui-même une activité familiale plus conviviale.

Une telle attitude permettrait aussi de contrôler ce que l'enfant regarde et de faire son travail de parents, qui est d'apprendre à l'enfant les règles et les limites de la vie sociale.

La violence à la télévision fait peur. Certains disent qu'elle n'influence pas les enfants. Certes, ils ne reproduiront pas les actes criminels inscrits dans le feuilleton, le film ou le journal télévisé. Mais l'effet est plus pervers. La violence est synonyme d'agressivité incontrôlée. L'agressivité est nécessaire à chacun de nous, un peu, pour garantir notre survie. Le nourrisson pourrait-il vivre s'il ne luttait pas, le petit enfant pourrait-il supporter une cour de récréation sans savoir se défendre, l'enfant saurait-il taper dans un ballon s'il n'avait envie de gagner, l'adolescent traverserait-il des crises successives sans se heurter à ses parents ? En grandissant, le nourrisson, l'enfant, l'adolescent apprend à maîtriser son agressivité, à être conscient de son impact sur son comportement et celui des autres. L'enfant ne sait pas que l'agressivité archaïque qu'il ressent parfois peut se transformer en violence. Il n'a pas encore appris à dominer toutes ses pulsions. Il ne connaît pas encore les règles de la société qui, mises en place très lentement au fil des millénaires, endiguent la violence. Jour après jour, il regarde des scènes qui éveillent dans son inconscient des instincts très primaires. Il voit des adultes se conduire de façon abjecte, il admire ses héros de dessin animé, qui, sans vergogne, coupent des bras, des têtes, transpercent leurs ennemis. Il enregistre que l'agressivité lorsqu'elle devient violence est autorisée puisque montrée. Il retrouve la mémoire ancestrale de nos ancêtres préhistoriques, avant que la civilisation, la culture ne nous aient appris à comprendre nos actes et à les diriger. La violence s'impose alors comme une force brutale, irréfléchie, non parlée, exclue de la complexité de notre pensée d'*Homo sapiens*. Notre enfant ne lira pas la deuxième page du *Monde,* qui, quelques semaines après des événements sanglants, reprendra chaque éléments du dossier pour en faire une analyse contradictoire. Il avale la violence sans commentaires. Alors, oui, les images qu'il regarde sont très dangereuses. Alors, non, nous ne devons pas le laisser seul devant le petit écran.

Le temps passé à regarder la télévision et le temps passé à faire des jeux vidéo ne laissent plus beaucoup de loisirs pour réfléchir, inventer, créer, faire le tri de pensées complexes. Pourtant, je ne crois pas que l'engouement des enfants pour la télévision sous toutes ses formes soit seul responsable des difficultés scolaires.

Échec scolaire

Il faut du courage à un enfant pour se mettre en échec scolaire ! Il lui serait plus facile de maintenir tout juste la tête hors de l'eau, et de donner le petit coup de collier qui permet de changer de classe, année après année. Ses camarades le rejettent rapidement s'il n'est pas dans le groupe des bons élèves, et elle est bien terminée l'époque où le cancre était envié pour sa paresse ou ses facéties. Aujourd'hui, les enfants se jugent sévèrement entre eux. Ainsi, Chloé me racontait tout naturellement et sans malice que, dans sa classe de CP, après le bulletin de la Toussaint, les enfants étaient répartis dans trois rangées : « Les bons, les moyens et, m'a-t-elle dit, la rangée des nuls. Nous pouvons passer de moyens à bons, mais ceux qui sont nuls le restent toute l'année, c'est la maîtresse qui nous l'a dit. » Quelle belle pédagogie ! Après deux mois d'école voilà un certain nombre d'enfants brisés, car ils auront été jugés comme incapables non seulement par les adultes mais par leurs camarades qui les méprisent.

L'échec scolaire est en général un appel au secours, adressé soit à la maîtresse, qui dans une classe de trente-cinq enfants a bien peu de chances d'entendre le message, soit plus souvent aux parents : « Papa, maman, ne rentrez pas aussi tard et aussi fatigués de votre travail ; papa, maman, j'ai envie de grandir ailleurs qu'à l'école uniquement ; papa, maman, n'allez pas jouer au golf tous les week-ends en me laissant chez ma grand-mère ; papa, maman, je ne veux pas aller dans l'école privée, loin de chez moi, je perdrai tous mes copains, et il me faudra travailler dur, encore plus dur que maintenant où j'ai déjà des difficultés ; papa, maman, faites-moi confiance, respectez-moi dans mes rythmes, dans mes aspirations, j'ai moi-même tant de mal à m'y retrouver ! »

L'échec scolaire n'est pas synonyme de paresse. L'enfant n'est pas paresseux. Il est infiniment malheureux de ne pas réussir. Pourquoi ne se comparerait-il pas aux autres qui réussissent brillamment ? Quelles questions se pose-t-il sans cesse qui l'empêchent d'écouter le professeur ? Aucun enfant ne devrait échouer au contrat que propose l'école primaire : lire, écrire, compter.

Seulement l'enfant ne sait pas, comme l'adulte, faire le tri entre des informations contradictoires qui se présentent simultanément à son esprit. Il n'écoute plus en classe parce qu'il est envahi d'idées, de pulsions. Ce n'est pas par manque (d'intelligence, de mémoire, de travail) qu'il échoue, c'est par excès (de sensibilité, d'affectivité, d'écoute du monde en lui et autour de lui). Il ne peut pas choisir entre comprendre la conjugaison des verbes irréguliers, se demander pourquoi ses parents se sont disputés la veille, trouver les moyens de conquérir l'amitié de tel ou tel camarade. Il n'a plus à sa disposition pour se faire remarquer, comme quand il était petit, les colères noires, les réveils dix fois par nuit, le refus de manger, les caprices pour imposer sa domination. Hélas, il a « l'âge de raison », on le lui répète assez souvent !

S'il travaille mal, c'est qu'il n'aime pas l'école, qu'il ne trouve pas le moyen de s'épanouir dans ces longues heures passées enfermé, qu'il rêve pour fuir la réalité. Et plus il travaille mal, plus il est harcelé par le système scolaire. L'échec est insupportable pour tout le monde, pour l'instituteur, pour les parents, pour lui. Alors, chacun tente d'imposer sa solution : les parents le font travailler le soir, l'instituteur l'inscrit d'office au cours de rattrapage du mercredi, le médecin conseille l'orthophonie. Et l'enfant poursuit tous ces enseignements complémentaires passivement ; il continue à subir la contrainte de ses pulsions internes sans pouvoir les exprimer.

Pour certains, il suffirait simplement d'un rythme plus lent, à condition de ne pas organiser des voies de garage pour enfants inadaptés. Le redoublement à l'école primaire est exceptionnel, alors que souvent ce serait une chance pour l'enfant de souffler, de traverser une crise familiale, de gagner un peu de maturité. Bien préparé, bien présenté, le redoublement pourrait redonner à l'enfant une confiance en lui, un orgueil qui, alors, lui permettraient d'être enfin en tête de classe. Mais c'est loin d'être le cas. Considéré par tous comme une honte, le redoublement ne fait qu'aggraver le malaise de l'enfant qui reste le redoublant cancre l'année suivante. Et d'année en année, par méconnaissance souvent des réalités familiales et absence de contact entre les parents et l'école, on attend, on attend : on verra bien l'année prochaine, peut-être qu'il aura enfin le déclic, il grandit. Et ainsi d'année en année s'installe la médiocrité, le demi-échec, pour arriver au constat désespérant qu'une partie des enfants ne savent pas lire à l'entrée en sixième.

Pour éviter de culpabiliser parents et enfants, et pour ne pas trop mobiliser la dynamique familiale en posant les vraies questions, le recours à l'orthophonie est de plus en plus fréquent.

L'orthophonie est ainsi devenue la planche de secours des professionnels de l'enfance : les maîtres se déchargent de responsabilités qu'ils ne souhaitent pas assumer, les parents sont rassurés par ce mode de prise en charge qui ne les agresse pas et qui est remboursé par la Sécurité sociale, l'enfant adore ces petits cours particuliers où il passe beaucoup de temps à jouer et qui ne ressemblent pas trop à l'école. Il se fait un travail en profondeur dans la relation qui s'instaure entre l'orthophoniste et l'enfant, mais il ne faut pas toujours y voir la clef de tous les problèmes, et ce n'est pas une solution à prendre à la légère.

Que penser des orthophonistes installées en face d'une école et qui, très amies avec la directrice, viennent chercher les enfants dans la classe, les uns après les autres ? Curieux, le nombre d'enfants qui ont besoin d'un traitement dans ces écoles...

Patrick a 9 ans, il a un peu peiné pour apprendre à lire et il a fait de l'orthophonie pendant un an au CP. En CE2 il est en échec scolaire. L'orthophoniste consultée de nouveau a la surprise de voir que Patrick a une orthographe innée et parfaite. C'est très rare, un peu comme l'oreille absolue en musique. Son niveau intellectuel est très supérieur à la normale. Par contre il a un blocage complet devant l'école. En situation d'apprendre, il se referme sur lui-même, incapable d'appréhender une règle de grammaire, il ne peut comprendre des calculs mathématiques simples, il est terrorisé par son institutrice qui n'en tire rien. À l'idée de répondre à une question, tout s'embrouille dans sa tête et il reste bouche ouverte, devenant la risée de ses petits camarades. Patrick vit dans un milieu assez défavorisé et ses parents ne savent pratiquement pas lire. Ils ne comprennent pas bien les enjeux de l'école et trouvent que les maîtres font du tort à leur enfant. Ils n'ont pas le désir réel qu'il s'en sorte et Patrick passe ses journées devant la télévision, s'appauvrissant chaque jour davantage. Ce n'est pas du recours de l'orthophonie et une prise en charge en psychothérapie est indispensable. Elle sera longue et incertaine, difficilement acceptée par la famille. C'est pourtant le seul moyen de faire progresser cet enfant pour lui restituer son intelligence avant qu'il soit trop tard.

Tous les enfants du monde confondent les *m* et les *n*, oublient les *s* au pluriel et inversent certaines syllabes. Sont-ils tous pour autant dyslexiques ? L'orthophonie apporte une aide essentielle aux enfants qui ont un retard de langage gênant l'appréhension de la lecture, une dyslexie vraie, une dysorthographie : l'enfant reprend confiance en lui, retrouve les racines du langage, découvre l'intérêt de la lecture comme ouverture sur un monde inconnu, comprend que l'écriture sert aussi à communiquer. Mais l'orthophonie ne doit pas être encore une fois une prise en charge de l'enfant qui lui mange son temps, qui le force à apprendre à tout prix, rejoignant en cela des méthodes comportementales qui donnent de si mauvais résultats à long terme.

Plutôt que d'être imposée par l'école, comme c'est trop souvent le cas, la décision de débuter une prise en charge en orthophonie devrait faire l'objet d'une réflexion des parents sur les raisons profondes des difficultés scolaires. Le pédiatre, qui est extérieur à l'école et à ses enjeux, qui connaît les familles depuis longtemps, est alors un interlocuteur de choix pour poser le problème et trouver la bonne voie pour l'enfant. Mais le pédiatre intervient là encore en fin de course, pour faire l'ordonnance, alors que la décision est prise et l'orthophoniste déjà choisi. On peut craindre que l'orthophonie, qui rassure tout le monde, ne retarde une prise en charge en psychothérapie. En France, cette aide à l'enfant en difficulté est très mal acceptée, souvent cachée, et il est vrai qu'elle va remuer la dynamique familiale ; pourtant, que de temps gagné pour l'avenir ! Trop souvent en effet, c'est vers l'âge de 12 ou 13 ans, devant la persistance des difficultés scolaires et comportementales, qu'un soutien en psychothérapie est envisagé. Il sera plus douloureux pour tous au moment de l'adolescence, plus difficile à faire accepter et, pendant cinq ans, l'enfant aura souffert inutilement.

Sans même envisager des traitements complémentaires, au lieu de toujours rechercher la performance, il suffirait parfois simplement d'encourager l'enfant, le féliciter, le stimuler pour des activités qui n'ont rien à voir avec l'école, la création artistique, le jeu, le sport, pour qu'il prenne confiance en lui, pour qu'il trouve un lieu où il soit le plus fort, même si c'est dans un montage de Lego. Or, c'est juste l'inverse qui se produit : dès qu'il joue, ses parents le grondent ; ils l'empêchent de faire du sport le mercredi car il a son cours d'orthophonie ; il n'invitera des amis que s'il a eu une bonne note à sa dictée. Comme c'est trop lourd à porter, il refoule ses désirs pour se retrouver devant la télévision qui lui évite de se poser des questions, de penser, d'exprimer ses difficultés.

Il faut savoir être attentif aux signes précurseurs, avant que ne s'installe l'échec scolaire. Un enfant en échec scolaire n'aime pas l'école et la redoute. Pour éviter d'aller en classe, il peut tomber malade. Les pédiatres connaissent bien les veilles de rentrée : ils sont débordés par les enfants qui ont des douleurs abdominales, des toux quinteuses, des diarrhées. Parfois, c'est à la deuxième semaine d'école que les enfants craquent. Ils avaient été préparés à la rentrée, ils étaient contents de retrouver leurs amis, de découvrir les nouveaux livres, d'avoir des cahiers impeccables, mais rapidement l'effort à fournir leur semble insurmontable. Plutôt que d'accuser immédiatement la collectivité qui véhicule des microbes, il est bon de réfléchir sur le vécu de l'enfant à l'école, sur les heures de cantine, d'étude, de centre aéré qui mangent son temps. Le bon état général de l'enfant, l'examen clinique normal permettent d'écarter rapidement un souci de santé et autorisent le médecin à parler des vraies difficultés. Les symptômes disparaissent rapidement si l'enfant sait qu'il est écouté et si on lui reconnaît le droit de ne pas « adorer » l'école.

C'est le cas de Gabriel. En maternelle, il manque souvent pour des petites maladies ; sa mère, ne travaillant pas, le garde alors à la maison pendant une semaine. Pendant les premières années de primaire, chaque rentrée scolaire est précédée d'un épisode de douleurs abdominales et de maux de tête invalidants très facilement assimilables à l'anxiété qu'il ressent. Les résultats scolaires sont moyens et ses parents le changent d'école pour qu'il soit mieux encadré. Ses plaintes psychosomatiques persistent mais sa mère refuse d'en tenir compte et le bouscule pour l'envoyer en classe, fatigué et malade. Gabriel abandonne ce symptôme qui n'intéresse plus sa mère, laquelle ne consulte plus la veille de la rentrée. Il aimait bien pourtant aller chez le pédiatre qui le rassurait, mettait des mots sur son malaise, expliquait son anxiété.

Ses résultats sont médiocres. Il est mortifié chaque fois qu'il ramène à la maison son livret scolaire. Les bonnes notes sont écrites en bleu, mais les mauvaises notes sont en rouge, soulignées si elles sont inférieures à cinq. On ne voit qu'elles et ses résultats encourageants, quelques notes bleues de-ci de-là, sont noyés dans le rouge qui attire l'attention, provoque la colère. À partir du mois de février, les menaces de redoublement se précisent. Les parents sont convoqués par la directrice ; sur le livret est agrafée l'adresse de cours par correspondance de rattrapage pour les vacances scolaires. Gabriel ne veut pas travailler aussi pendant les vacances, il est fatigué de son trimestre. Pendant deux ans, toutes les vacances scolaires, il a fait une grosse angine avec plusieurs jours de fièvre : ses parents ne peuvent tout de même pas le faire travailler alors qu'il est à la fois malade et en vacances !

Les menaces de redoublement ne sont en réalité qu'un moyen pour faire pression sur lui, car bien qu'écrites en rouge ses notes évoluent entre six et sept, et ses parents ne jugent pas utile de le faire redoubler. Les entretiens se multiplient au troisième trimestre : il sera admis dans la classe supérieure s'il passe quinze jours en pension cet été dans une école de remise à niveau.

Alors Gabriel développe une véritable phobie scolaire. Aucun de ses appels au secours n'a été entendu. Plus il crie son désespoir, plus l'attitude de l'école est rigide. Il développe une fièvre inexpliquée qui dure trois semaines malgré les traitements, il est hospitalisé — mais tous les examens sont négatifs. Il reprend le chemin de l'école. Sa phobie se développe jusqu'au jour où il commence à faire des fugues puis refuse d'aller à l'école, demeurant comme un bloc dans son lit et hurlant dès que sa mère approche. Il est de nouveau hospitalisé, mais cette fois en hôpital de jour spécialisé pour enfants en difficulté psychique : le traitement est très long avant qu'il ne reprenne confiance en lui et accepte de retourner à l'école.

Il est curieux de constater l'intérêt que l'on porte aujourd'hui au développement psychique du petit enfant de la naissance à 3 ans, et le peu de cas que l'on fait de sa vie intérieure dès lors qu'il a passé la porte de l'école primaire. Ses désirs sont anticipés, réfléchis, comblés avant 6 ans, puis on n'en tient plus compte, comme si seul le rendement scolaire avait de la valeur. Du moment qu'il travaille correctement, son vécu personnel n'a plus aucune importance. Les apprentissages scolaires sont mis en avant comme un bouclier défensif des affects et de ce qui se joue dans les rapports de forces familiaux. Les parents, qui acceptaient de reconnaître que leurs soucis retentissaient sur l'humeur, le sommeil, l'appétit de leur enfant quand, bébé, il réagissait par des caprices, pensent que rien de ce qui les concerne n'effleure l'enfant plus grand. Sa vie, réglée par les horaires d'école, les activités organisées du mercredi, émaillée de quelques fous rires et parties de corde à sauter qui rassurent sur sa joie de vivre, semble se limiter à l'image que l'enfant donne. Les parents redoutent une intrusion dans leur vécu personnel, accusent volontiers l'école en cas de crise transitoire, et se réfugient derrière le temps qui passe, comme si de rien n'était. Ils ont perdu cette sensibilité qui les mettait en harmonie avec les pensées de l'enfant, que celui-ci traduisait si bien par la seule expression, sur son petit visage, de la joie, du chagrin, de la colère ou du contentement.

Passé 6 ans, l'enfant contrôle son regard, son sourire, ses gestes et il faut être encore plus attentif pour percevoir un changement subtil dans son comportement.

Le développement psychique et intellectuel de l'enfant est difficile à prévoir. Personne ne peut le maîtriser. Et pourtant, c'est le désir des parents et des maîtres. Pour se rassurer, ils veulent des enfants dans la norme, leur norme. Ils reportent sur les seuls résultats scolaires toute l'énergie qu'ils mettaient auparavant dans l'épanouissement de sa personnalité. Ils ne veulent plus que l'enfant se mêle de leur vie personnelle, à eux, les parents ; il a son travail, il a ses amis : désormais, chacun pour soi. Le grand risque est que souvent l'enfant capitule et accepte cette règle du jeu : il se barricade derrière son travail, quelques amis, des loisirs bien organisés et ne laisse plus pénétrer les sentiments qui dérangent.

Pourtant sera-t-il un adulte heureux celui qui pendant

son enfance a mis toute son énergie à faire plaisir à ses parents, apprenant comme un petit ordinateur dans lequel sont rentrés des programmes ? Il se sera fabriqué un faux-self, copie conforme d'adultes bien ciblés pour faire les cadres de demain. Il aura totalement muselé ses aspirations personnelles. Même s'il a l'air très original, ou très instruit, ou très curieux en demandant à ses parents de l'emmener tous les week-ends visiter un musée, ou chercher des livres à la bibliothèque, ou jouer au Trivial Pursuit les après-midi de pluie en vacances. Ces idées lui ont été si bien soufflées par ses parents, même inconsciemment, qu'il croit en être l'auteur. Et puis un jour, adolescent ou adulte, déprimé ou tiraillé par des désirs contraires, il sentira en lui une boule qu'il ne saura nommer sinon par des débordements de petites maladies organiques, qui, bonne excuse, l'empêcheront de faire le point sur ses difficultés réelles. Il cherchera partout celui qu'il est, celui qu'il a été bébé, celui qu'il n'a pu être enfant, celui qu'il aimerait rencontrer mais qui n'a pas droit de cité. Une angoisse diffuse, sournoise, non nommée, occupera ses pensées, l'empêchant de profiter de sa femme ou de ses enfants, de son travail et de ses amis.

Comme c'est compliqué d'être parents ! En croyant bien faire, ils en font trop ; en laissant leur enfant se débrouiller, ils n'en font pas assez. Bon élève, il ne tiendra pas le coup jusqu'au bac ; mauvais élève, il se retrouvera en classe de perfectionnement. Il faut lui insuffler le désir de bien faire sans l'influencer, il faut compenser les lacunes culturelles de l'école sans le dégoûter, il faut faire confiance à l'école mais ne pas compter sur elle. Il faut que la mère travaille pour qu'il soit motivé pour ses études et qu'elle ne travaille pas pour qu'il ne subisse pas des rythmes scolaires infernaux. Il faut s'en occuper mais pas trop pour qu'il ait son autonomie. Il faut, il faut...

Et si, en l'assurant de tout son amour de parent et en veillant discrètement, on oubliait un peu de s'occuper de ses acquis scolaires et de le contrôler en permanence dans le sens qui nous arrange ? Le désir est grand aujourd'hui d'avoir la maîtrise intellectuelle absolue de ses enfants. Tous les magazines en parlent, les notions de psychologie sont largement répandues, l'espace hors l'école ou la maison est beaucoup trop dangereux pour que l'enfant y fasse des expériences. Autrefois l'enfant allait à l'école en badinant sur le chemin, en rêvant et en découvrant le monde. Aujourd'hui, même dans les campagnes, le car de ramassage scolaire passe, trop tôt, pour un long périple, qui conduit un enfant somnolent devant la porte de l'école et le ramène tard le soir. En ville, la mère ou la jeune fille sont là, jusqu'à la fin de l'école primaire, pour emmener bien vite l'enfant loin du danger de la rue.

Il est vrai que la radio et la télévision ne nous font pas de cadeau. S'il n'y a pas chaque jour quelques procès pour viol, quelques disparitions d'enfants, retrouvés noyés dans un canal, une bonne dizaine d'agressions et des visions terrifiantes de banlieues malmenées, c'est que les journalistes font mal leur travail et ne viennent pas nourrir nos fantasmes de drames et de violences. C'est l'éducation et la liberté qui rendent un enfant responsable, non la contrainte et la peur. Les adolescents le savent bien et une mère me racontait en riant que sa fille de 14 ans lui avait un jour donné une leçon en lui disant : « Mais, maman, arrête ; dix millions de personnes prennent chaque jour le métro ou le train pour aller travailler, je peux aller chez une amie à 2 heures de l'après-midi sans être violée, agressée, et sans rencontrer de satyre ! » La peur est pourtant transmise à l'enfant qui lui aussi a peur et ne saura pas se défendre.

Personne ne peut maîtriser le jardin secret d'un enfant, personne ne peut prévoir comment il traverse sa vie quotidienne, ses relations à ses parents ou à ses frères et sœurs, sa vie secrète de l'école et ses amitiés, mais les parents, les éducateurs, les médias tentent d'imposer un moule idéal de l'enfant idéal, ils contrôlent ses devoirs et ses amitiés, ses lectures et ses sorties, et l'enfant se plie volontiers à ce schéma simplificateur, qui lui permet de se reposer sur les autres et de subir la vie familiale avec le confort de ne pas se sentir agressé par elle.

Amitiés

Sans doute les amitiés à l'école jouent-elles un rôle important et les parents peuvent-ils autoriser et favoriser des rencontres qui apportent un réconfort et permettent à l'enfant d'aimer cette école où il retrouve chaque jour des camarades. Une école comme un contenant, une autre maison où il fait d'autres expériences. S'il peut mêler ces deux vies, recevoir et être invité, il aura un sentiment d'harmonie : partager à l'école les joies et les soucis de sa vie familiale, discuter à la maison des petits travers de l'univers scolaire.

Mais l'amitié est un terrain réservé de l'enfant, qui échappe à la vigilance des parents.

Claire avait toujours des amis incroyables. Dans la classe elle choisissait systématiquement le cancre ou l'original. Sa mère aurait bien préféré qu'elle ramène à la maison la petite Sophie ou Virginie, qu'elle rencontrait à la sortie du catéchisme et qui étaient toujours bien habillées de jolies robes à smocks. Mais il n'y avait rien à faire, Claire invitait Nicolas, qui se mettait au piano pendant une heure et accaparait la conversation à table, se levant dix fois pour aller pianoter, ou Coralie qui avait des joggings fluo et se faisait des permanentes, ou Léa qui bégayait et parlait mal le français. Pourtant la mère de Claire reconnaissait que tous ces enfants si différents du modèle qu'elle aurait aimé pour sa fille avaient une vie intérieure riche ; ils inventaient des jeux extraordinaires et, quand ils venaient à la campagne le week-end, ils faisaient preuve d'une imagination redoutable, partaient dans les champs à la recherche de couvées de hérissons, dénichaient des nids dans les greniers, s'aventuraient dans les haies, revenaient de leurs escapades les joues en feu, décrivant avec ardeur la campagne révélée.

Claire avait absolument besoin de sortir d'un milieu fermé. Depuis qu'elle était toute petite elle manifestait un caractère difficile ; même pendant ses premiers mois de vie, sa maman avait du mal à la comprendre, elle pleurait beaucoup, impossible parfois à consoler ; puis elle était devenue une enfant ombrageuse, solitaire. Avec ses amis elle fuyait une éducation trop rigide, s'épanouissait dans la nature qu'elle aimait, entendait d'autres discours, d'autres points de vue, vivait simplement. Libre d'exprimer avec ses amis sa différence, et voyant que ses parents l'acceptaient, elle garda toujours avec eux une relation confiante et ouverte et connut des amitiés fidèles et enrichissantes.

Tandis que la mère de Julien n'invitait que des petits garçons dont elle connaissait les mères depuis longtemps, des enfants sages comme des images, qui jouaient au Lego ou à des jeux de société calmes, rangeaient la chambre en partant et savaient garder leurs chaussures tout un après-midi. Julien n'était jamais content, il était fier d'avoir des amis à la maison, mais ils finissaient toujours par se disputer, et il ne voulait plus les inviter. Il préférait rester, solitaire, dans les jupes de sa maman. Ses amitiés duraient peu. Julien était souvent agressif à la maison ; en grandissant il cachait de plus en plus ses idées à ses parents, n'amenait personne à la maison et rendait l'ambiance impossible.

Peut-on penser qu'il existe déjà des mauvais et des bons, à l'école primaire ? Ceux qui sont bien élevés et les autres ? En amitié, peut-on choisir pour ses enfants ?

Il faut faire confiance aux enfants, ils ne sont pas mauvais bougres. C'est en leur offrant une ouverture d'esprit et en favorisant le contact avec des enfants différents qu'ils apprendront la tolérance, qu'ils sauront se mélanger dans un monde qui n'a plus de frontières, préciseront leur humour et leur jugement. Il ne faut pas les enfermer dans des écoles de classe et d'élite où l'enfant entend et voit la même chose qu'à la maison. Personne ne peut dire ce que sera la vie quotidienne dans vingt ou trente ans : tout va si vite ! C'est en offrant à l'enfant de multiples perspectives qu'on lui donnera le goût de vivre ; c'est en le laissant écouter, comparer, observer qu'il se détachera d'une personnalité conventionnelle ; celle-ci n'aura certainement plus droit de cité dans les années à venir.

Essayons de l'aider à sortir de cette contradiction : il est roi, il ne faut pas le perturber, il a tous les jouets du monde et trois télévisions à la maison, il est aussi plus intelligent, plus curieux, plus doué que l'enfant des générations précédentes, et pourtant les études s'appauvrissent de plus en plus ; il est de plus en plus difficile d'apprendre, et l'échec scolaire est le lot quotidien des familles.

Et si on lui laissait un peu plus l'esprit libre pour les apprentissages de la vie ? Si on arrêtait de sans cesse le harceler ? Si on pensait un peu plus à lui au lieu de réfléchir au modèle qu'on aimerait qu'il soit ?

10

6-11 ANS : L'ÉCOLE DES LOISIRS

Alice commençait à se sentir très lasse de rester assise à côté de sa sœur, sur le talus, et de n'avoir rien à faire : une fois ou deux, elle avait jeté un coup d'œil sur le livre que sa sœur lisait mais il ne contenait ni images, ni conversations, « et, se disait Alice, à quoi peut bien servir un livre où il n'y a ni images ni conversations ? » Elle se demandait si le plaisir de tresser une guirlande de pâquerettes vaudrait la peine de se lever et d'aller cueillir les pâquerettes, lorsque, brusquement, un Lapin Blanc aux yeux roses passa en courant tout près d'elle.

LEWIS CAROLL
Alice au pays des merveilles

Françoise attend à la sortie de l'école, le jour des vacances de printemps. L'air est chaud, il fait bon. Les autres mères sont là, avec à la main un petit pain au chocolat dans son papier boulanger. La baguette grignotée dépasse de la poussette du petit frère, qui, tournant le dos à sa mère, semble projeté sur le bord du trottoir, dans la circulation au demeurant calme de la petite rue. Il est impassible, sagement ficelé, regardant les voitures le frôler, profitant par larges inspirations des émanations des gaz d'échappement juste à sa hauteur. Sa sœur, sortie quelques minutes plus tôt de la maternelle, s'éloigne à peine pour grimper sur la barrière de protection de la rue.

Les mères parlent un peu des projets de vacances chez les grands-parents, sur les plages normandes ou à la campagne, mais reviennent rapidement au dernier livret, d'où ne filtrent que les bonnes notes et les encouragements, étalant leur satisfaction de mères comblées.

La sonnerie retentit, une à une les classent sortent, un gentil brouhaha s'installe. Les enfants échangent le cartable contre le pain au chocolat, font une pichenette au petit frère qui s'est enfin animé, acceptent volontiers la caresse de leur mère pour fermer le blouson et remettre une mèche de cheveux, et tranquillement, par groupes d'une ou deux familles bavardant, le flot s'écoule dans la rue calme où les pigeons ont continué de picorer. Pas de cri, pas de course, pas d'enfant pour traverser sans réfléchir. Ceux qui rentrent seuls attendent sagement au feu rouge de poursuivre leur chemin.

Romain vient tranquillement mettre sa main dans celle de Françoise, il lui raconte son 8 en dictée et la ratatouille de la cantine qu'il n'a pas beaucoup aimée mais qu'il a mangée quand même.

Est-ce la douceur de l'air, une sève printanière qui soudain envahissent Françoise ? Elle ne trouve pas ce tableau charmant, elle a envie de dire à Romain : « Cours, saute, oublie là ton blouson, sors des billes de tes poches et demande-moi cinq minutes pour faire une partie avec tes copains, rattrape celui qui t'a chipé ton gant, fais peur aux pigeons, éclabousse tes vêtements en marchant dans les flaques d'eau de la dernière averse. Vis. Ne sois pas le petit garçon que je te demande trop souvent d'être. Vis, réjouis-toi des vacances et du soleil, laisse s'écouler ton énergie contenue à l'école, va, sois l'enfant de Rimbaud, les poings dans tes poches crevées, égrenant dans ta course des rimes, rêvant d'amours splendides. »

Françoise souhaite dire à Romain : « Redonne-moi mes nattes, mon cartable et mes 7 ans, pars avec moi à la rencontre de tes rêves et de mon enfance, retrouvons un instant cette illusion unique qui réconcilie la tendresse, l'insouciance et la joie. »

Mais Françoise a gardé pour elle cette fugitive bouffée de liberté : Romain n'a eu que son petit pain ; il faut se presser pour attraper le bus qui les conduira chez le professeur de piano.

La ville, la peur de la rue — son intense circulation et les dangers qui guettent ceux qui y traînent — conduisent parents et enfants à redouter et à fuir le plus vite possible ces rivages inquiétants. Rentrer rapidement dans son cocon, s'occuper sans répit pour ne pas risquer d'être tenté par l'inconnu, faire de ses enfants des petits citadins policés, érudits, dociles, telle est sans doute la nouvelle doctrine d'une éducation réussie.

Après l'école

Sitôt l'école finie, le goûter avalé, l'enfant doit repartir vers d'autres activités formatrices. Dans la cuisine, s'affichent fièrement les emplois du temps : en bleu, les heures de classe et les jours où il ne faut pas oublier ses affaires de gymnastique et de dessin. En rouge, les activités extrascolaires. Lundi : échecs aux ateliers bleus de l'école ; mardi : libre, le temps des devoirs est inscrit en vert car le mercredi est chargé ; mercredi : catéchisme le matin, sport l'après-midi, à « l'école des sports » ;

jeudi : leçon de piano ; vendredi : orthophonie. Le week-end est libre pour pouvoir partir à la campagne, à moins qu'il n'y ait une compétition de judo, un spectacle de danse ou une répétition de chorale.

La capacité d'adaptation, la plasticité de l'intelligence, l'énergie des enfants de 6 à 10 ans rendent envisageables toutes sortes d'activités extrascolaires qui en feront en principe, pour leur dixième anniversaire, des petites graines d'adultes bien éduqués.

Quentin est venu consulter pour une étrange maladie. Il marchait toujours les genoux à moitié fléchis. Sa mère très inquiète a déjà vu plusieurs médecins, Quentin a subi de nombreuses radios et des examens complémentaires sophistiqués, scanner, électromyogramme, et même ponction lombaire. Tous ces examens étaient normaux ainsi que l'examen neurologique très complet qui n'a permis de déceler aucune anomalie. Quentin a fait un an de kinésithérapie au rythme de deux séances par semaine sans amélioration de son symptôme. Quentin est fils unique et sa mère le décrit comme le plus charmant des enfants, très facile, toujours gai et dynamique. Ses résultats scolaires sont excellents, il a même pleuré à son dernier livret car il n'était que le second de sa classe. La natation ayant été conseillée, il s'est vite montré si doué dans ce sport que son moniteur a proposé de l'engager dans l'équipe des minimes pour représenter son club dans les compétitions interscolaires. Il a commencé cette année le violon et, même si les débuts sont un peu grinçants, le professeur pense qu'il a des facilités et que c'est un élève capable de concentration et de persévérance. À la maison, il est coopérant et toujours enthousiaste. Il a simplement un peu de mal à se coucher car il veut toujours finir son livre, terminer une maquette, rechercher des documents pour illustrer son cahier d'histoire. C'est vraiment l'enfant idéal, et on est bien tenté de féliciter cette maman pour la perfection de son éducation. S'il n'y avait ce symptôme étrange. Quentin est sûr de lui, à l'aise, et pourtant quelque part il n'a pas vraiment envie de grandir. En marchant genoux fléchis, il paraît enfin plus fragile, il inquiète ses parents, il dit : « Pouce, je veux rester un petit enfant, je ne veux pas aller trop vite. » Il n'est pas conscient, bien sûr, d'utiliser ce moyen pour signifier qu'il a un corps qui n'appartient qu'à lui et que ne peuvent manipuler ni les instituteurs, ni les maîtres nageurs ni les professeurs de violon. Par ce symptôme contraignant, qui peut s'apparenter à un tic, il exprime ses difficultés à assumer le poids de réussite que ses parents lui font porter. Il plie les genoux sous ce fardeau pour ne pas être tout à fait grand. Pour s'en débarrasser, il doit trouver un espace où il ne soit plus contraint de satisfaire sans répit le désir des autres.

Et c'est bien cet espace personnel, inconnu, inaccessible au raisonnement, imperceptible dans la vie quotidienne, qu'il est si difficile d'offrir aux enfants.

Car il ne s'agit ni de leur faire faire au hasard de multiples activités pour trouver celle qui leur plaira le plus et où ils manifesteront des dons, ni de leur offrir un temps de jeu obligatoire limité dans le temps pour qu'ils puissent s'épanouir comme des enfants doivent le faire.

Proposer à son enfant des activités extrascolaires fait aussi partie de l'éducation, puisque le système scolaire français est presque sclérosé dans les domaines artistique et sportif. Il est nécessaire que chaque enfant trouve des dérivatifs à l'étude et se forme à d'autres disciplines, s'adapte à d'autres groupes que ceux imposés par le milieu scolaire.

La difficulté vient une fois encore des engouements collectifs et des phénomènes de mode qui conduisent parents et enfants à toucher à tout pour être dans le vent. La danse ou le judo dès l'âge de 4 ans, la musique dans les mini-conservatoires, le dessin, les visites de musées, la fréquentation assidue des bibliothèques, les spectacles pour enfants qu'il faut avoir vus ne répondent pas forcément à un besoin réel, à une demande profonde de l'enfant. Certes, les parents affirment qu'il les réclame, mais il est bien difficile de faire la part entre une motivation authentique et le désir induit soit par les parents soit par les phénomènes de mode provoqués par les médias ou par l'influence directe du camarade du moment.

Hélas ! tout apprentissage nécessite une certaine persévérance et demande des efforts. L'enfant le sait bien mais, si un consensus s'établit pour qu'il ne trouve pas toujours drôle de réviser ses tables de multiplication et ses leçons de géographie, par contre, dans le domaine des loisirs, il doit accepter avec enthousiasme toutes les propositions. Malheureusement, une fois passé le plaisir de la nouveauté, ces activités extrascolaires deviennent contraignantes, l'enfant renâcle à s'y rendre ou refuse de faire le moindre effort permettant une progression régulière. Décevantes au bout de quelques mois, l'enfant n'ayant pas fait preuve des dons auxquels ses parents s'attendaient, elles sont dévalorisées puis peu à peu abandonnées en fin d'année.

Mais le mois de septembre suivant amène de nouvelles exigences : Roland-Garros l'a passionné, il rêve de faire du tennis pour devenir un champion ; le dernier feuilleton télévisé met en scène des jeunes franco-japonais passionnés de volley-ball et les demandes d'inscription dans les quelques clubs existants se multiplient ; puisque l'apprentissage du piano est si difficile, certainement l'enfant s'épanouira en jouant de la guitare ; son meilleur ami s'est régalé toute l'année dernière au club d'informatique, voilà une initiation qui joint l'utile à l'agréable. Pour l'anglais, les parents restent fermes : il faut persévérer une année de plus ; les résultats ne sont pas immédiats, mais quel acquis pour l'entrée en sixième !

Ainsi, chaque rentrée se transforme en marathon pour les pauvres mères de famille qui courent d'inscription en inscription, tentent de nouveaux clubs déjà complets depuis six mois, s'accommodent de deux changements d'autobus pour le stage de poterie où il reste encore des places disponibles, jonglent avec des emplois du temps tellement serrés qu'il faudra renoncer à les laisser rendre visite à leur grand-mère deux fois par mois et trouver une jeune fille rien que pour les accompagner.

Et, d'année en année, l'enfant touche à tout, incapable de maîtriser un sport ou une activité artistique, prenant peu à peu conscience de sa médiocrité et mettant à son arc un vieux bout de ficelle rafistolée au lieu d'une corde bien tendue susceptible d'envoyer la flèche droit au but.

Acquérir des compétences est long et difficile dans tous les domaines. L'enfant se lasse vite car toutes ces activités cherchant à faire surgir le génie obéissent le plus souvent à des règles strictes, chaque professeur ayant des exigences de sérieux, de régularité et de travail. D'ailleurs, la plupart utilisent le terme d'école : l'école des sports, l'école des loisirs, l'école de musique. Rien que ce mot donne à l'enfant une petite indigestion. Comment concevoir qu'il ne fasse que s'y distraire, s'y épanouir. La culture ? Sait-il seulement ce que c'est ?

Tandis que je félicite Grégoire de sa bonne mine au retour des sports d'hiver, sa mère m'annonce fièrement qu'il a passé sa troisième étoile ; il a alors 7 ans. Je me joins aux louanges avec une pointe d'admiration, quand j'ai la surprise d'entendre Grégoire me dire entre ses dents : « Mais moi, je m'en fiche, je hais le ski, papa maman me mettent au cours matin et soir pour avoir la paix, je n'ai fait cet effort que pour skier avec eux et maintenant ils ne rêvent plus que de la fléchette. Mais je n'irai plus jamais au cours de ski. » Les motivations des enfants sont parfois bien éloignées de celles que les parents imaginent !

Il s'agit souvent d'une identification à des héros et, aujourd'hui, la télévision est le grand pourvoyeur des héros enfantins. Mais ces héros sont loin de la vie réelle : la violence est omniprésente et les personnages explosent, s'écrasent, se reconstituent immédiatement. Têtes carrées, bouches élargies prenant toute la figure, yeux fixes et sans expression, ils expriment par le même dessin la joie et la colère, la satisfaction ou la peur. Les héros sont vainqueurs, mais après des épreuves qui les ont écartelés, dans des situations inhumaines qui approchent de la folie de désintégration. Ainsi l'enfant qui joue ou qui est tenté par un sport mis en scène dans un feuilleton pense qu'il doit se transformer profondément pour être vainqueur. L'expression consacrée actuellement n'est-elle pas : « Il adore le foot, il “ s'éclate ” complètement » ? Mais il est bien difficile pour un enfant de se récupérer quand il s'est senti hors de lui-même. Surtout s'il a perdu. Il regarde de nouveau son héros à la télévision et il songe qu'il lui faudra être plus bagarreur, plus agressif aussi s'il veut vaincre, détournant ainsi la fonction de détente, d'apaisement souhaitée. Nous sommes loin des héros des contes de fées qui, porteurs par leur histoire de tous les mythes millénaires, permettaient à l'enfant des identifications inconscientes douces ou au contraire cruelles à des personnages proches de ses aspirations inconscientes.

L'enfant ne peut pas savoir que la formation de sa personnalité se fait par un réseau d'influences dont les plus importantes restent dans la tradition familiale. Ses parents, admiratifs devant ses multiples aspirations, éblouis devant les succès de quelques grands sportifs portés aux nues par les médias, éclaboussés par les sommes d'argent de plus en plus colossales mises en jeu, souhaitent à tout prix trouver chez leur enfant l'étincelle qui lui permettra de rejoindre les plus grands. Ils favorisent la diversification des loisirs sans réfléchir aux motivations qui les poussent.

Pierre est un enfant de 8 ans fragile, anxieux, réservé. Il a des difficultés scolaires assez importantes, il ne parvient pas à se concentrer, écoute une leçon sur deux, et sa mère doit le faire travailler longtemps tous les soirs pour qu'il ne soit pas tout à fait noyé. Il fait du foot le mercredi après-midi, et il est inscrit au conservatoire où il apprend le solfège, le violon et la chorale. Sa mère est désemparée devant les semaines trop remplies de son enfant qui n'a presque plus le temps de jouer et qui semble toujours se débattre dans des situations contradictoires : doit-il préparer sa dictée ou faire son violon ? faut-il lui faire manquer le foot pour réviser son contrôle de maths ? doit-il refuser une invitation à la campagne car il a une répétition de chorale ? Tous les jours, sa mère a l'impression de devoir faire des choix impossibles.

Nous avons essayé ensemble de démêler une situation difficile. La maman de Pierre est avocate, travaille à temps plein, mais essaie de préserver sa vie familiale et s'occupe beaucoup des enfants ; elle veille à la bonne organisation des loisirs, assure les accompagnements, aide pour les devoirs et les activités musicales qui tiennent une grande place à la maison. Pierre est le troisième enfant et son frère et sa sœur n'ont pas de difficultés scolaires et pratiquent chacun un instrument. Le papa de Pierre est directeur d'une agence bancaire. Très occupé, il s'intéresse peu au bon fonctionnement de la maison. Son loisir est la musique ; doué et travailleur, il a acquis un niveau appréciable grâce à des études musicales poussées. Il peut enchanter ses amis en jouant du jazz toute la soirée et son plus grand plaisir est de rentrer à la maison avec une pile de disques ; ses références culturelles sont essentiellement musicales, et la maison est baignée en permanence d'une ambiance sonore douce aux oreilles. Pierre a besoin de s'identifier à son père et cherche tous les moyens pour capter son attention et l'intéresser. Pendant quelques mois sa mère a arrêté les études musicales, trop prenantes à son avis, mais les résultats scolaires de Pierre n'ont pas été plus brillants pour autant et son père s'est montré plus critique et plus distant à la fois. Dans ce contexte, Pierre se devait de continuer la musique dans le cadre rigoureux du conservatoire, faute de quoi il serait déchu aux yeux de son père, rangé définitivement dans la catégorie des médiocres, se privant ainsi de toute possibilité de réussir aussi bien que son père. Ses échecs scolaires traduisaient cette ambivalence. Jamais il n'atteindrait son but : égaler, voire dépasser son père ; autant renoncer tout de suite et se placer dans une situation qui au moins marquait la différence. Il fallait donc conforter Pierre dans ses choix d'activités en faisant en sorte que son père le félicite pour ses progrès et reconnaisse que pour lui aussi les apprentissages avaient été longs et douloureux, mais qu'il pouvait être le digne fils de son père et s'identifier à lui dans un mouvement dynamique et non dans un sentiment d'échec.

Quels choix proposer?

La réflexion sur les choix spontanés des enfants montre la difficulté de discerner l'authenticité d'un désir exprimé.

Si on lui demande : « Quel sport veux-tu faire l'année prochaine : du tennis, du judo, de la danse, du foot, du volley, du ping-pong? » Si on lui dit : « À quel atelier veux-tu participer : au théâtre, à la chorale, à l'anglais, au dessin, aux mercredis culturels, à l'informatique? », il ne peut décider devant un tel éventail de choix. On peut paraître conciliant, accepter le théâtre alors qu'on aurait préféré l'anglais, tolérer le poney car c'est un sport de plein air alors que l'escrime lui aurait fait tant de bien, à lui qui est gaucher et maladroit. Mais, de toute façon, le discours est clair et l'enfant ne s'y trompe pas : il faut occuper le mercredi.

L'enfant ne sort pas d'un cocon d'où surgirait une idée inattendue que rien ne laissait prévoir. Le choix est impossible pour lui; c'est pourquoi il choisit à la fois l'anglais, le tennis et le foot, qui occupent son lundi, son mardi, son mercredi...

S'il pouvait tomber d'une planète inconnue comme le Petit Prince, il répondrait sans doute : « Je voudrais rencontrer une bande d'amis et jouer dans un terrain vague. » Mais il ne fait pas partie d'une bande et il est impossible, dans les cités d'aujourd'hui, de le laisser traîner dans la rue avec des voyous qui cherchent des mauvais coups. C'est justement cela que les parents veulent éviter dans leur crainte des mauvaises influences. Pourtant, il serait plus honnête d'expliquer qu'on lui propose des activités pour lui épargner les dangers de la rue plutôt que de les présenter comme un moyen d'accéder à la connaissance universelle.

Le foot a sans doute remplacé ce besoin du jeu collectif en plein air avec des amis ; dommage que ce soit organisé par l'école et encadré par des maîtres restituant une ambiance de cour de récréation et un schéma proche de la discipline scolaire déjà connue.

Sur quoi repose alors le choix ? Il devrait répondre au besoin de l'enfant d'exprimer librement des facettes de sa personnalité qui sont enfouies profondément en lui-même, souvent méconnues, et rarement celles que ses parents prévoient. Ces pulsions que l'enfant tente de maîtriser en dehors de son temps d'école ne correspondent pas à une activité déterminée. Les parents pensent que le judo aidera l'enfant réservé, calme, à exprimer son agressivité, mais rien n'est moins sûr ; l'agressivité ne s'organise pas dans un jeu combatif prévu et codifié, elle peut tout aussi bien ressortir au cours d'une partie d'échecs ou d'un cours de dessin. Les parents souhaitent corriger les petits travers de l'enfant en lui proposant certaines activités correspondant à l'idée qu'ils se font, eux, adultes, du loisir proposé. Peut-être pensent-ils aussi : « Ah, si j'avais fait du judo, je serais plus combatif dans mon travail ! »

Tandis que l'enfant cherche un exutoire à des tensions qu'il ne peut exprimer librement à l'école ou à la maison. Peu importe alors la forme que prend l'organisation du temps libre, si elle lui laisse une autonomie et une liberté qui s'écartent d'un cadre rigide, scolaire.

De fait, les choix « spontanés » de l'enfant répondent à un jeu d'influences. Trois sont déterminantes : la mode, les camarades et la famille.

La mode, véhiculée par les médias et la publicité, suscite un certain nombre de « vocations » éphémères et conforte l'enfant dans son époque. Il s'intègre à un groupe grâce à l'image répétée de modèles identificatoires de son âge valorisés par le fait qu'ils passent à la télévision ou s'affichent sur une marque de céréales. L'idée s'incruste presque inconsciemment dans son esprit, et les parents, qui ne voient pas les mêmes images que lui, trouvent inouï que l'enfant décide spontanément de faire du basket alors qu'ils n'y avaient jamais pensé.

L'influence des camarades touche le monde secret de l'enfant, dont il n'a pas toujours conscience, à travers des rencontres qui éveillent son admiration. C'est rarement le meilleur ami avec qui il a envie de passer son mercredi, mais plus souvent un élève plus âgé, un cousin, un ami de la famille qu'il tente de séduire en partageant ses activités, imaginant que l'autre les pratique avec passion, rêvant de s'introduire dans un monde de grands où il n'a pas encore accès.

C'est enfin l'influence familiale. La formation de la personnalité à cet âge passe par l'identification aux parents et aux frères et sœurs, personnages clefs de l'environnement quotidien, qu'il aime et jalouse à la fois, qu'il voudrait égaler, voire surpasser. Il redoute surtout de les décevoir, imaginant alors une perte d'amour irréparable.

Dans la famille d'Antoine, l'éducation passait par la pension dans un collège anglais à partir de la dixième année. Son père travaillait dans les relations internationales et exigeait le bilinguisme pour ses enfants, ou tout au moins pour les garçons, les filles pouvant poursuivre plus longtemps leurs études en France. Il avait lui-même étudié dans un collège anglais et jugeait sévèrement l'école française, incapable d'allier l'équilibre physique et intellectuel et la rigueur morale indispensable à une éducation réussie. Antoine a bien tenté de retarder ce moment décisif où il partirait pour la pension en se montrant très proche de sa mère qui était bouleversée à l'idée de se séparer de lui, en manquant d'initiative et en refusant d'apprendre l'anglais après ses heures de classe, mais une étude réelle de ses motivations a vite révélé qu'il souffrirait encore plus de ne pas aller en Angleterre car ce serait pour lui se montrer incapable d'être un homme, s'apparenter à ses sœurs, donc à des femmes, perdre la confiance de son père. Antoine est donc parti pour l'Angleterre, il reconnaît avoir été malheureux la première année mais le fait d'en avoir parlé souvent avec lui, d'avoir accepté que ç'ait été difficile et de lui autoriser une forme d'agressivité pendant ses séjours en France l'ont aidé à accepter l'idée que ses parents se faisaient d'une éducation heureuse et, dès la seconde année, il a bien réussi ses études et semblait content de repartir après les vacances. Il y a fort à parier que les enfants d'Antoine feront leurs études dans un collège anglais.

Ainsi, les modalités d'éducation relèvent d'une analyse fine et consciente. Il existe en réalité deux schémas simplificateurs : soit les parents reproduisent avec leurs enfants le modèle d'éducation qu'ils ont connu, en l'adaptant à la vie moderne, soit ils le rejettent et tentent de faire exactement le contraire. Dans le premier cas ils considèrent qu'ils sont des adultes responsables et équilibrés : le modèle est bon et mérite d'être reproduit. Parfois, pourtant, ils n'ont pu se défaire du poids de leurs propres parents et inconsciemment souhaitent pour leurs enfants une réussite à laquelle ils n'ont pas eu accès. Ainsi, le papa de Pierre, comme celui d'Antoine, ne pouvait imaginer une éducation différente de celle qu'il avait reçue, considérant à juste titre qu'il avait une vie riche et épanouie. Sans doute oubliait-il qu'à son époque il était moins sollicité par les modes extérieures et par la télévision. La vie était plus rude, les enfants moins gâtés et il n'était pas sans cesse attiré par des activités innombrables ; il jouissait de grands moments de détente et de jeu où son imagination fertile pouvait prendre son essor. Pendant les vacances, il n'était pas inscrit au stage de voile et au cours de rattrapage par correspondance, partait à vélo dans les dunes avec une bande d'amis inséparables, faisait d'interminables parties de billes dans le sable, jouait au foot dans le terrain vague derrière l'église. Travailler et jouer était normal, sans que l'on ait à réfléchir. Tandis que Pierre ne pouvait profiter pleinement d'aucune activité, tiraillé par le désir de jouer dès qu'il prenait son violon, et culpabilisé par l'idée du travail scolaire en retard dès qu'il choisissait de prendre quelque récréation.

Au contraire, les parents peuvent avoir souffert d'un certain mode d'éducation, garder un souvenir cuisant d'interminables leçons de musique, de repas hebdomadaires chez la grand-mère où il était interdit de parler et de sortir de table, de clubs de gymnastique où ils étaient constamment ridiculisés par un professeur qui criait trop fort, et se jurer que jamais ils ne feront subir cela à leurs enfants. Et de prendre systématiquement le contrepied de l'éducation reçue. Ainsi les parents de Grégoire avaient souffert de se retrouver, à 18 ans, sans jamais avoir fait de ski, se sentant ridicules dans un groupe de sportifs bien entraînés, et ils s'étaient promis que leur fils serait à l'aise sur les planches dès sa cinquième année. Sans doute, par retour du balancier, le fils de Grégoire ne fera-t-il jamais de ski. Il est difficile, voire impossible, pour un enfant de s'opposer au mode d'éducation qu'il reçoit. C'est bien plus tard qu'il réagira en en prenant inconsciemment le contrepied pour ses propres enfants.

On retrouve ce type de réaction chez les parents qui ont eu une éducation sévère et ont été privés de tous les loisirs qu'ils enviaient chez leurs petits camarades. Leurs enfants touchent à tout, incapables de se fixer dans une activité suivie, toujours désireux de trouver une nouvelle mode et y adhérant aussitôt, car ils sont incapables de leur refuser ce dont eux-mêmes ont été privés dans leur propre enfance.

Caroline changeait d'activité tous les six mois : à 9 ans elle avait déjà tâté du tennis, de la danse, du golf, elle était inscrite à un cours de dessin mais réclamait la poterie, elle avait essayé les échecs et le théâtre. Pour ses loisirs elle était d'une exigence redoutable, n'acceptait la piscine que dans les centres nautiques, connaissait tous les parcs d'attraction, choisissait les clubs de vacances les plus luxueux où une foule d'activités étaient proposées aux enfants. Elle devait toujours être occupée et réclamait sans cesse de nouveaux jeux dont elle se lassait rapidement. Ses parents lui avaient toujours cédé, obéissant à tous ses caprices jusqu'au jour où ils se sentirent fatigués par ses exigences tyranniques, inquiets de sa difficulté à se faire des amies, irrités par sa suffisance. Ils vinrent consulter, découragés, craignant d'avoir raté l'éducation de leur fille et me demandant quoi faire. En reprenant leur histoire, je découvris que la maman de Caroline avait eu une jeunesse difficile. Issue d'un milieu modeste, elle passait ses vacances chez sa grand-mère où elle devait aider à la ferme, et après l'école elle travaillait avec assiduité pour tenter de s'en sortir. Le père de Caroline était issu d'une famille plus aisée mais avait reçu une éducation rigide par des parents qu'il qualifiait d'avares. Ils ne voulaient pas que Caroline connaisse ces désagréments et lui offraient tout ce dont ils avaient rêvé, laissant se réaliser à travers elle l'enfance dont ils estimaient avoir été lésés. Rien n'était trop beau pour elle, mais dès qu'un effort survenait elle ne pouvait accepter de décevoir le rêve de ses parents et préférait abandonner plutôt qu'échouer. Caroline était une enfant intelligente. Elle comprit que ce n'était pas seulement elle qui agissait de la sorte mais ses parents qui tentaient de se réaliser à travers elle. Elle courait après les rêves de leur enfance et non les siens propres.

Nous décidâmes d'arrêter toute activité pendant un an et ses parents furent attentifs à ne pas répondre à toutes ses incitations.

Un an plus tard, Caroline me dit s'être ennuyée ferme pendant quelques mois, puis, peu à peu, avoir compris que s'ennuyer lui donnait envie de réfléchir : elle inventait des jeux simples, elle lisait et rêvait, elle avait découvert la joie de marcher dans la campagne à l'écoute des sons insolites, observant la nature. Elle n'avait pas encore envie de reprendre une activité, elle avait déjà essayé tant de choses ! Elle était apaisée et passait de longues heures avec sa meilleure amie à imaginer le monde à leur dimension d'enfant. Quand on lui demandait : « Que fais-tu en dehors de l'école ? » elle répondait avec humour : « J'invente des bêtises et je m'ennuie, c'est mon activité préférée. »

Toutes ces observations montrent bien que les choix pour les enfants doivent être réfléchis, car ce ne sont pas toujours eux qui les font, mais ils y sont incités par les traditions familiales, les influences médiatiques, leurs désirs inconscients et ceux de leurs parents. Réfléchir aux motivations réelles, retrouver sa propre enfance permettent déjà d'avancer et d'éviter des décisions arbitraires qui ne sauraient être tenues et qui auront alors une influence contraire, voire néfaste. Expliqués à l'enfant, les choix seront bien acceptés et il pourra les intégrer à l'organisation de son temps libre et à son mode de pensée.

Si l'enfant hésite, il faut lui laisser du temps, et lui proposer de ne rien faire. Ce n'est pas par hasard que les petits derniers d'une famille nombreuse ont souvent une paix royale et débutent tardivement des activités qu'ils ont choisies. Leurs parents, lassés des changements de cap incessants des aînés et de l'organisation infernale de leur emploi du temps, attendent tranquillement qu'ils soient en âge de se déplacer seuls et de choisir pertinemment un loisir qui favorise leur équilibre.

Les enfants plus grands choisissent à l'âge du collège une activité qui leur convient. C'est rarement celle qu'ils pratiquaient depuis leur plus jeune enfance, qu'ils jugent souvent avec mépris. Ils ont besoin de mûrir, de choisir un sport en fonction des besoins de leur corps en transformation et dans lequel ils pourront être performants, ayant depuis longtemps abandonné le rêve de devenir des champions. Ils ont surtout l'impression d'avoir choisi seuls et se sentent capables de maintenir l'objectif qu'ils se sont fixé.

Mais l'enfant jeune vit encore dans l'immédiat, il ne peut se projeter dans des objectifs à long terme. Lorsqu'il entreprend quelque chose, le résultat doit être rapidement celui qu'il a imaginé. Il est souvent un héros dans sa tête, et il croit pouvoir atteindre son objectif en quelques semaines. S'il est rapidement déçu, il est tenté d'abandonner. Car il n'est pas dupe des applaudissements de ses grands-parents lorsqu'il joue maladroitement son morceau de piano à la fin d'un repas de famille ; ni des félicitations trop appuyées de sa mère parce qu'il finit cinquième sa compétition de tennis. Lui, il pensait déjà être Mozart, et il était sûr de remporter la coupe de son tournoi. Il lui faut gagner. Les activités ont perdu leur rôle de détente, de jeu, d'occupation saine. Elles sont forcément sanctionnées par des médailles, des récompenses, des ceintures de couleur qui permettent de passer dans l'année supérieure. Et l'enfant vit dans la crainte de l'examen et de l'échec. Les activités l'enferment de nouveau dans un cadre compétitif.

Il ne s'agit pas de l'occuper à tout prix le mercredi pour qu'il ne reste pas à la maison devant la télévision, pour qu'il ne s'ennuie pas, remplir ses journées à ras bord pour qu'il soit fourbu. On a trop le sentiment, chez ces enfants toujours entraînés dans de nouvelles occupations, qu'il faut leur éviter de s'arrêter, de réfléchir, de penser. Qu'ils aient des idées fait peur : ils doivent être encadrés, contrôlés en permanence, faute de quoi le pire risque de surgir. Peut-être les parents ont-ils eu un jour le désir de braver la société ; sans doute ressentent-ils encore les fantasmes de leur adolescence où ils souhaitaient se transformer en rebelles, et ils craignent que, dans une société plus permissive, les enfants, livrés à eux-mêmes, ne se mettent immédiatement à transgresser les lois et à faire des bêtises.

Derrière le désir conscient d'améliorer les performances des enfants, se cache la peur inconsciente du vide, du désarroi, de l'absence d'idéal qui, quelques années plus tard, conduira à une adolescence sans but, sans enthousiasme. Car de cela aussi les médias parlent d'abondance, de cette jeunesse hésitante, qui prolonge indéfiniment des études, cherchant sa voie, incapable de se fixer, redoutant de commencer une vie active, craignant de manquer de cet argent facile que lui donnaient ses parents. Mais les parents, en donnant trop de confort, de loisirs, de distractions, ne favorisent-ils pas justement la recherche de solutions de facilité plutôt que celle plus ardue et personnelle d'un idéal ?

C'est pourtant avant sa dixième année que l'enfant est capable de mettre en place des valeurs sûres en tentant des expériences qui ne sont pas dangereuses. Lorsqu'ils jouent en groupe, les enfants passent leur après-midi à organiser les règles du jeu ; ils se disputent, commencent une partie, s'arrêtent, redistribuent les rôles, changent les équipes, recommencent la partie pour s'arrêter aussitôt. Plus que le jeu lui-même, c'est de l'inventer qui les captive ; ils peuvent alors jouer tous les personnages à la fois, ils cherchent à trouver l'instant précis où ils sont parfaitement en accord avec eux-mêmes. Si l'adulte intervient, lassé de leurs disputes qui lui semblent si peu constructives, le jeu devient alors sans intérêt, et ils l'abandonnent rapidement.

Mais l'enfant, pris dans des activités multiples, n'a plus l'occasion de jouer librement, sans contrôle de parents ou d'éducateurs. Les occupations qu'on lui propose sont individuelles, même s'il les pratique en groupe. Il est censé y trouver un épanouissement personnel ; il est valorisé pour l'image de lui-même qu'il donne aux autres. Il renforce son narcissisme et son orgueil (lorsqu'il réussit), mais n'apprend pas à tenir compte des réactions du groupe dont il fait partie. Il n'a pas choisi ses camarades, imposés par l'adulte ; c'est donc à l'adulte qu'il se réfère lorsqu'il veut attirer son attention. Encore une fois, il fait plaisir aux autres avant de s'intéresser à lui-même.

L'enfant a besoin d'amitiés qui échappent au contrôle des parents pour pouvoir aborder librement sa vie psychique, ses pulsions, ses désirs inconscients. Or, pris constamment en charge, il n'a pas le temps de rencontrer des amis autres que ceux, bien rodés, en qui ses parents ont toute confiance. L'amitié est irremplaçable à cet âge ; elle permet de passer de la dépendance familiale du petit enfant à l'autonomie de l'adolescent qui ne craint pas de s'aventurer dans un environnement parfois hostile pour vaincre sa peur du monde et prouver qu'il existe pour et par lui-même. L'amitié rassure car, à deux ou en groupe, on se sent forcément plus fort. Mais elle exige de réfléchir, de tenir compte de l'autre, de ses réactions, de son audace ou au contraire de sa timidité.

Pour se faire des amis, pour s'intégrer dans un groupe, il faut du temps, beaucoup de temps. Cela demande une énergie psychique disponible considérable. Cela peut occuper tous les mercredis, tous les samedis, tous les dimanches.

Vacances

Les vacances pourraient offrir le temps et la disponibilité pour réfléchir aux rythmes, à l'équilibre, aux amitiés enfantines. Mais la même hyperactivité s'empare de tous.

Entre 6 et 10 ans, les enfants ne font plus des pâtés sur la plage, pas question de rester à ne rien faire. C'est l'occasion rêvée pour les initier à des sports de plein air impraticables en ville. Les parents, fatigués de leur année, sont eux aussi tentés par un programme de remise en forme ou souhaitent rester au calme, retrouvant avec volupté chaise longue, farniente et ces bouquins qu'ils s'étaient promis de iire tout au long de l'année. Faire les courses en flânant ennuie les enfants, ils refusent de venir et on hésite encore à les laisser seuls à la maison. Les parents aussi ont droit à un peu de liberté et, si les enfants sont occupés, toute la famille sera de meilleure humeur.

Sitôt arrivés, les inscriptions dans les clubs de tennis, de voile ou d'équitation sont organisées, c'est une bonne occasion de prendre quelques leçons de natation et d'essayer le practice de golf. Dès le matin, la journée est déjà chargée, les parents sont fiers de mettre en place de bonnes vacances, les enfants n'auront pas le temps de s'ennuyer.

Il ne faut surtout pas oublier les devoirs de vacances — la maîtresse a prévu un rattrapage en orthographe et le temps de la sieste, dans la maison fraîche, sera propice à ce petit moment de révision.

Dommage que les heures d'activités des cousins ne correspondent pas, mais ce n'est pas grave : on se retrouvera tous sur la plage en fin d'après-midi pour une bonne partie de volley. Le dimanche, nous pourrons prévoir une matinée de pêche à la crevette en fonction des marées, et s'il fait un vrai temps breton, avec crachin, ce sera l'occasion de découvrir les calvaires et d'aller à la recherche du dolmen caché dans la lande. Après le dîner, une partie de « ballon prisonnier » ou une marche en famille sur la digue viendra à bout des dernières énergies. Quel programme ! Y a-t-il la place pour la rêverie, l'initiative, la découverte de sensations nouvelles ?

Brice ne faisait rien. Il restait assis pendant des heures à regarder la mer, à faire couler le sable sur ses jambes, à faire quelques pas au bord des vagues regardant l'eau monter peu à peu. Il agaçait prodigieusement ses parents qui lui disaient sans cesse : « Mais va faire un tour de vélo sur la digue, fais un château de sable que la marée montante emportera, va acheter une glace, veux-tu nager avec nous jusqu'au plongeoir ? » Il commençait un château et l'abandonnait aussitôt ; prenait son vélo et revenait au bout de quelques minutes, il n'avait pas envie de gâteau collé par le sable. Il s'animait un peu le soir lorsque ses parents proposaient de faire un tour au port. Il se penchait sur les bateaux de pêcheurs, s'amusait à lire leurs noms poétiques, demandait à sa mère d'acheter du poisson frais, regardait les pêcheurs réparer leurs filets. Le lendemain, sur la plage, c'était la même rêverie. Et puis, un jour, il s'approcha d'un pêcheur auprès de qui jouait un enfant de son âge et qu'il avait repéré, et lui demanda s'il pouvait aller à la pêche avec lui. Rendez-vous fut pris pour le lendemain et Brice fou de fierté partit de bonne heure pour une matinée à relever les filets. Désormais ses vacances avaient un but et il retrouva son entrain. Il lui avait fallu quinze jours d'ennui, de rêverie, de repos pour que peu à peu son désir émerge. Il lui avait fallu quelques jours d'observation où pendant un temps où il restait en apparence inactif, il rassemblait son courage pour demander au pêcheur de l'emmener. Cela mobilisait toute son énergie et il n'avait pas de courage pour des jeux de plage qui l'ennuyaient. Ses vacances furent inoubliables, et ses parents fiers et étonnés découvrirent un petit garçon courageux et autonome. Eux qui le traitaient de mollasson !

La pensée créatrice ne surgit pas d'une hyperactivité permanente et doit pouvoir échapper au contrôle parental. Elle s'installe lentement et nécessite des tâtonnements et des erreurs. Brice a eu de la chance de trouver un pêcheur qui a bien voulu l'emmener, mais il n'avait pas agi au hasard, il avait observé, repéré celui qui avait un garçon de son âge. Combien de fois dans sa tête avait-il répété sa question : « Pouvez-vous m'emmener pêcher ? »

Les vacances pourraient être comparées au sommeil, un moment où l'on reconstitue ses forces et où le rêve nous emmène sur des rivages insoupçonnés. Pour cela il faut du temps libre, du temps totalement inactif, où couché sur l'herbe ou laissant couler le sable entre ses doigts pendant de longues minutes sur la plage, peu à peu, la pensée se détache des contraintes, oublie les choses faites ou à faire, se déplace lentement vers des désirs flous qui deviennent plus précis, puis répondent à un impératif d'action pour satisfaire une pulsion enfouie très profondément.

Pour reconstituer ses forces, l'enfant doit être à l'écoute de son corps et de ses rythmes. Les vacances sont pour lui l'occasion de les découvrir. S'il aime se coucher tard, il profite enfin de longues soirées sans contrainte, trouvant alors facilement le sommeil, heureux de se réveiller après les autres et de traîner pour prendre son petit déjeuner, restant en pyjama jusqu'à 11 heures : un luxe inouï ! S'il aime nager, il apprend à contrôler sa respiration en restant sous l'eau pendant des secondes interminables, puis il plonge, saute, essaie des cabrioles, passe dans des cerceaux, étonné de la docilité d'un corps qui était pourtant si raide pendant ses cours de judo. Il mesure et reconnaît sa fatigue après une longue course à vélo, prend conscience de ses muscles dans l'effort et découvre avec étonnement qu'il a faim, est prêt à manger tout ce que sa mère a préparé, lui qui chipote toujours à table et a un appétit d'oiseau. Mais ce qu'il préfère par-dessus tout, ce sont les jours de pluie. Passer l'après-midi à faire un Monopoly l'enchante. Le temps n'existe plus, il gagne puis perd puis gagne à nouveau, apprenant à ses dépens que s'il est trop mauvais joueur la partie sera interrompue.

Sans doute, le plus grand bonheur d'un enfant en vacances est-il de retrouver ses cousins ou une bande d'amis qui passent leur été au même endroit. Dispersés pendant l'année scolaire, ils renouent rapidement leurs amitiés. Retrouvant d'abord leurs jeux, leurs secrets de l'année précédente, ils renouent une complicité oubliée, puis vont de l'avant. Ils inventent de nouveaux jeux et de nouveaux mystères, reflets de la maturité qu'ils ont acquise. Ils s'aventurent plus loin dans les rochers, partent à vélo pour de grandes escapades, construisent des cabanes dans les bois. Sans vous, loin de vous, parents, s'ils ont la chance d'être avec quelques amis, laissez-les libres de leur temps. Et s'ils ne racontent rien, laissez-les libres de leurs secrets. S'ils font quelques bêtises, vous ne le saurez pas, et c'est tellement mieux ainsi ! Même si vous devez vous faire un peu violence pour les laisser disparaître tout un après-midi, vous serez récompensés en les trouvant épanouis, grandis, avec un tourbillon de souvenirs heureux pour aborder la rentrée de septembre.

Souvent, pendant les vacances, l'enfant régresse. Il ne se le permet pas devant ses parents, mais n'hésite pas à le faire avec ses amis. Loin de le critiquer, ses parents devraient tolérer avec bienveillance ce répit que l'enfant s'autorise. Il peut alors retrouver des sensations anciennes agréables, les transformer et se sentir encore un peu petit. Comme dans le rêve où notre esprit s'offre des retours en arrière qui nous surprennent parfois au réveil.

Pris, pendant ses vacances, dans un tourbillon d'activités comme dans l'année écoulée, l'enfant ne pourra pas faire ces deux démarches, découvrir ses rythmes et son corps, et rêver tout éveillé pour maîtriser ses désirs et ses pulsions. C'est pourtant alors qu'il apprend à se connaître, et cette leçon-là lui sera bien utile pour l'avenir si elle correspond à une démarche personnelle.

Conclusion

AMOUR, CONFIANCE, SOLLICITUDE

Avoir un enfant, des enfants, c'est s'engager sur une route cahotique, tour à tour joyeuse, insouciante, belle mais aussi douloureuse, compliquée ; dans tous les cas, inattendue.

La société actuelle change vite, elle est faite d'individus innombrables, qui subissent les phénomènes de foule, de mode. L'image, celle que l'on reçoit, celle que l'on donne de soi-même, devient plus importante que la réalité des personnes. Nous sommes pris dans des groupes et obligés d'obéir à leurs règles.

Or, l'homme est unique, et l'enfant plus encore. Il est unique pour ses parents, sa famille proche, mais surtout pour lui-même. Et pourtant il est innombrable pour la crèche, l'école, les centres de loisirs, où il laisse une trace éphémère.

Le rôle des parents et de l'éducation est de préserver l'individualité des enfants et d'avoir confiance en eux. C'est par la pensée que les parents découvrent leur enfant, certainement pas par l'action qui ne vient qu'après la réflexion.

Au début, pendant la grossesse et les premiers mois de la vie, la pensée est souvent une rêverie, guidée par l'instinct maternel. Les mamans doivent retrouver une confiance absolue dans cet instinct, apprendre à sentir les besoins de leur enfant et y répondre. C'est quelque chose de très normal, de très naturel. Sans cela, le nourrisson ne pourrait vivre. Il est porteur de l'histoire maternelle.

Puis, peu à peu, cette pensée s'organise, la mère réfléchit. Elle tient compte des conseils de ses parents, amis, médecins ; elle doit organiser au mieux la garde du bébé, gérer son temps, prendre en considération les contraintes de son travail, sa famille, ses loisirs, sa vie personnelle. Elle change profondément en présence de son bébé qui la modèle et l'incite à avoir de nouveaux comportements. Ses réactions à elle seront souvent une réponse à ses comportements à lui et dans la majorité des cas bien adaptés à sa demande. À condition qu'elle le regarde vivre, qu'elle le laisse s'exprimer et qu'elle ne tente pas de lui appliquer des recettes toutes faites ou des idées préconçues. Si elle est déconcertée, elle doit réfléchir à la demande de son enfant, se poser des questions, tenter d'accéder à sa pensée à lui et la laisser s'exprimer même si elle la dérange. Dans les cas difficiles, elle a souvent besoin d'un tiers : son mari, plus réaliste, moins concerné par les petits soucis quotidiens ; ses propres parents, sa mère en particulier, qui lui racontera son enfance, la façon dont elle a été élevée, ce qui éclaire d'un jour nouveau ses propres attitudes car elle a oublié ses jeunes années ; son pédiatre enfin, qui a un regard extérieur, ni juge ni partie, qui connaît si bien la relation mère-enfant — il a vu tant de familles, tant de joies, tant de difficultés, il peut écouter et surtout redonner confiance, restaurer une relation de bonne qualité.

Puis l'enfant grandit, devient plus autonome, ses parents sont fiers de son indépendance. Il s'agit alors de comprendre ses rythmes, ses besoins. Il faut le regarder longuement vivre spontanément et continuer sans répit à réfléchir non pas sur ce qu'il devrait être mais sur ce qu'il est en réalité. En se méfiant d'une pensée opératoire, efficace, il est préférable de continuer à rêver, laisser du temps, flâner. Il ne s'agit pas de tout comprendre, car la pensée d'un enfant est insaisissable, et il est impossible de se mettre à sa place, mais simplement de cheminer avec lui pour qu'il sente un accompagnement susceptible de l'aider à contenir les pulsions qu'il doit maîtriser pour devenir adulte.

La liberté n'est pas pour autant synonyme de laxisme. L'enfant doit trouver chez ses parents suffisamment de rigueur pour connaître les limites de ce qui est autorisé. Il s'expose volontairement pour les tester mais la confiance réciproque naîtra souvent lorsqu'il éprouve la solidité morale de ses parents ; même si c'est l'occasion de heurts, il apprend qu'il peut compter sur eux car ils respectent les règles fondamentales de la société. Les parents doivent garder présent à l'esprit que l'éducation repose sur eux ; leur sens moral, leurs valeurs structurent la personnalité de l'enfant.

Les parents se remettent sans cesse en question, avant tout parce qu'ils lui apportent un double patrimoine et que l'enfance du père et de la mère, leur adolescence, leur vie adulte pèsent sur chacune de leur décision. Il faut déjà avoir présent à l'esprit le pourquoi de son propre mode de vie, de ses choix, de ses habitudes, avant de plaquer sur son enfant des idées toutes faites. Repenser d'abord en fonction de soi-même. Car, si la jeunesse d'aujourd'hui semble de plus en plus homogène, ce n'est qu'une apparence, et chacun a une histoire personnelle. Cette histoire doit être reconnue et raisonnée, sinon elle resurgit en prenant les formes les plus inattendues, projetée de façon arbitraire sur les enfants et l'éducation qu'on leur donne.

Puis il faut accepter que l'enfant soit différent, de soi,

des autres, qu'il ait son caractère, sa personnalité, ses idées. Lui faire confiance. C'est très difficile. Pour se connaître lui-même, l'enfant a besoin de temps, de beaucoup de temps. Le plus grand danger pour l'enfance d'aujourd'hui est de ne plus lui en laisser, de l'embarquer toujours dans des activités multiples, variées, d'occuper sans cesse sa pensée par des échéances, des résultats, l'obligation d'agir pour exister. On peut contrôler l'action, c'est rassurant. On ne peut contrôler la pensée ; c'est ce qui inquiète tellement les parents.

Si l'on autorise la libre éclosion d'une autonomie physique et intellectuelle chez son enfant, on est alors capable de l'exprimer. Car la pensée, le rêve, la fantaisie passent aussi par les mots et pour l'enfant c'est le repère qui rassure. Le mensonge, le non-dit, il les perçoit immédiatement mais il ne sait pas les verbaliser. Il les entasse, comme des chiffons sales et inutiles qui envahissent son univers et entravent son évolution. Presque tout peut être dit à l'enfant, pas n'importe quand, pas n'importe comment, mais les doutes, les interrogations, les espoirs, les joies peuvent être parlés et ainsi compris. Grâce aux mots, l'enfant accède à sa pensée, souvent confuse ; il peut s'ancrer dans la réalité.

Pris dans le tourbillon d'une vie quotidienne trop remplie, on vit souvent dans l'immédiat. On se réjouit des bons résultats de son enfant, on est contrarié par les mauvais ; on se félicite de sa bonne santé psychique, on s'inquiète de ses petits travers. On oublie souvent que l'enfance s'inscrit dans la durée, ce que l'on tisse jour après jour formera la trame de la vie adulte : il s'agit de réfléchir à long terme à ce que deviendra l'enfant dans dix ans, dans vingt ans. Il portera toujours en lui son enfance, et nous, parents, nous devons porter l'adulte qu'il deviendra. Il sera créateur à travers quelques bêtises, il inventera une expérience qui est la sienne et non celle que les adultes lui imposent, mais il gardera notre confiance.

Il doit pouvoir trouver seul son chemin, avec nos conseils, notre confiance, notre sollicitude, notre amour surtout.

Table des matières

Deuxième partie
Les années d'école

Conclusion

Achevé d'imprimer en septembre 1994
sur presse CAMERON
dans les ateliers de la S.E.P.C.
à Saint-Amand-Montrond (Cher)
pour le compte des éditions Robert Laffont
24, avenue Marceau, 75008 Paris

N° d'édition : 35580-01. N° d'impression : 1707-1525.
Dépôt légal : octobre 1994.

Imprimé en France